14789886R00120

Made in the USA
Charleston, SC
01 October 2012

تکاپوی اصلاح طلبی

مجموعه یادداشت ها و مقالات

روزبه میرابراهیمی

تابستان ۲۰۱۲-۱۳۹۱

تکاپوی اصلاح طلبی

روزبه میرابراهیمی

ناشر: موسسه غیرانتفاعی
.Non-Stop Media, Inc
نیویورک - آمریکا

چاپ اول تابستان ۱۳۹۱
صفحه آرایی و طرح جلد روزبه میرابراهیمی
چاپ امریکا
شابک ۸-۰-۹۸۵۳۷۴۸-۰-۹۷۸

قیمت: ۳۰ دلار امریکا

By Roozbeh MirEbrahimi

First Edition – Summer 2012
ISBN: 978-0-9853748-0-8

Published by: Non-Stop Media, Inc.
New York, USA

Website: www.non-stopmedia.org
Email: info@non-stopmedia.org

تقدیم‌به پدر و مادرم

فهرست مطالب

مقدمه

حاشیه های متن

اصلاح طلبی در ادبیات سیاسی ایران واژه مخشوشی شده است. در دایره لغات نیروهای سیاسی داخل ایران یک معنی می‌تواند داشته باشد و در دایره لغات نیروهای مقیم خارج از ایران معنایی متفاوت.

در جایی حسن است و در جایی دیگر زم. در یک جا برچسبی است برای «غیر خودی» دانستن و در محیطی دیگر مهری است برای تحقیر کردن.

هرچند سابقه اصلاح طلبی، سابقه ای طولانی در تاریخ تحولات ایران دارد، اما بهتر است در همین آغاز کتاب مفهوم مدنظرم از اصلاح طلبی را برای خوانندگان مشخص کنم. به لحاظ تاریخی همه نوشته‌های این مجموعه به دوره اخیر تاریخ معاصر جمهوری اسلامی و بطور مشخص به سال‌های ۱۳۷۶ به بعد ارتباط دارد و از همین رو اگر از دوره اصلاحی یاد می‌شود مشخصاً منظور همین دوره زمانی است.

هر چند در کتاب دیگرم که با نام «اصلاحات، زیر هشت»[1] منتشر شد به تفصیل، به چارچوب های تئوریک مفهوم اصلاح طلبی که به آن باور دارم و ملتزم هستم پرداخته ام، اما تکرار برخی نکات در ابتدای این مجموعه با توجه به عنوان این کتاب می تواند از ابهام های احتمالی بکاهد.
وقتی خود را یک اصلاح طلب می‌دانم، چه منظوری دارم؟

من اصلاح طلبی را یک روش می‌دانم و نه لزوماً هدف. بدین معنا که نحوه نگرشم به موضوعات سیاسی و اجتماعی و فرهنگی مرتبط با ایران، از دریچه اصلاح طلبی است.

اصلاحات نیز در باور من، حرکت در مسیر بهبود وضعیت موجود در چارچوب استانداردهای بین‌المللی دموکراسی در دنیا است. تلاش برای بهبود وضعیت آزادی، رفاه، و حقوق بنیادین بشر که می‌تواند مجموعه گسترده ای از موضوعات مبتلابه یک جامعه را در بر بگیرد برای من اهمیت داشته و دارد.

این «بهبود» می‌تواند از منظرهای مختلف، میزان های متفاوتی داشته باشد. کسی می‌تواند از منظر باور به یک مسلک سیاسی، بهبود را در چارچوب های پیشبرنده همان مسلک تعریف کند و با همان معیارها بسنجد ودیگری از دریچه باوری دیگر،چشم انداز متفاوتی را در نظر داشته باشد.

حتی می‌تواند بهبود برای یک فرد معتقد به مذهبی خاص، حکم فرما شدن تام احکام آن مذهب در همه عرصه ها دانسته شود.

چون به نسبیت در سیاست باور دارم و انسان ایده آلیستی نیستم و بشر را

۱- چاپ اول: پاییز ۱۳۸۸ - شرکت کتاب- لوس آنجلس

نیز معصوم نمی دانم، همواره در عرصه های مختلف واقع‌گرایی را ترجیح می دهم. در پهنه موضوعات جامعه و سیاست (دو حوزه ای که با آن آشنا هستم) نیز همواره ضرورت اصلاح را غیر قابل انکار می‌دانم و در مدل های حکومتی نیز، هر سیستم حقوقی را که توانایی هضم معضلات بروز و قدرت انعطاف بیشتری برای ترمیم خود، در جهت «بهبود» را داشته باشد می پسندم و برای تحقق و تحکیم آن می کوشم.

به همان اندازه که «اصلاح طلبی» را یک روش می‌دانم دموکراسی را نیز یک روش حکمرانی و بهترین «بد» موجود می پندارم. برای هر یک از این مفاهیم می‌شود مقاله ها نوشت که اینجا مجال آن مهیا نیست. اما تاکیدم از آن جهت است که مشخص کنم وقتی می‌گویم «اصلاح طلب» هستم بدان معنی است که یک دمکراسی (به عنوان روش) خواه هستم که روش تحقق و ماندگاری آن را ترجیحا با شیوه اصلاح طلبانه دنبال می کنم.

این «دنبال کردن» هم در قالب فعالیت‌های حرفه‌ای ام است. در مقاله‌ها و تحلیل‌هایی که از مقولات مرتبط با ایران دارم. برای من روزنامه‌نگاری هم یک «روش» پیگیری دغدغه ها و تکاپوهای فردی‌ام است.

هیچ وقت برای من نه «اصلاح طلبی» هدف بود و نه «دموکراسی». به همین خاطر نیز استقلال فکری خودم را با نیروهای موسوم به «اصلاح طلب» حفظ کردم. کارنامه نوشته‌ها و عمل‌کرد حرفه‌ای ام در همه سال‌های پس از ۱۳۷۶ این موضوع را نشان می‌دهد که اگر از موضع یا برنامه یا اقدامی حمایت کردم تنها معیار سنجشم بهبود در مسیر چشم اندازهای مورد نظرم بود. به همین خاطر شیوه انتقادی ام هم نسبت به حکومت و هم نسبت به نیروهای سیاسی داخل - اصلاح طلبان - چه زمانی که در قدرت بودند و چه زمانی که از قدرت اخراج شدند همواره حفظ شده

است. با وجود اینکه در نگاه بسیاری چه آن زمان، و چه امروز «روزنامه نگار اصلاح طلب» نامیده می شوم. خودم را یک روزنامه‌نگار می‌دانم و هیچ گاه نیز پیرو چشم و گوش بسته و گوش به فرمان هیچ فرد، گروه یا جریانی نبودم و نیستم.

با این اشاره کوتاه قصد داشتم تاکید کنم که اگر در این کتاب از مفهومِ «اصلاح طلبی» و یا عنوان «تکاپوی اصلاح طلبی» استفاده کردم دقیقاً چه منظوری را پیگیری می کنم.

همزمانی ورود من به عرصه فعالیت‌های رسانه ای و نزدیکی فکری ام به نخبگان فکری دوره اصلاحات (۷۶ به بعد) و البته سابقه حضور مستمرم در نشریاتی که **نشریات اصلاح طلب** شناخته می شدند، نامم را به آن دوره گره زده است.

«روزنامه‌نگار اصلاح طلب» معرفی نامه‌ای شده که در همه این سال ها پیشوند یا پسوند نام من بوده است. از نگاه حکومت جمهوری اسلامی این عنوان، یعنی عنصری نامطلوب بودن و از نگاه نیروهای مخالف جمهوری اسلامی ، یعنی عنصری حکومتی! بودن. چوب دو سر نجس، حکایتی است که مصداقش بسیاری از هم فکران و هم نسلان من را در بر می گیرد.

من هرگز ابایی از این موضوع نداشتم و نه «نامطلوب» بودن از منظر حکومت آزارمٍ داد و نه «حکومتی» خواندنم از سوی برخی فعالان سیاسی اکثراً خارج نشین.

خوشبختانه کارنامه گفتاری و نوشتاری ام اصلی‌ترین شناس‌نامه ام است. آنچه نوشتم و گفتم در همه سال‌های حضورم در عرصه رسانه‌های ایرانی و فارسی زبان، اسناد غیرقابل انکاری هستند که جدا از ثبت لحظات و

رویداد های پیرامونی ام، نمایاننده نگرش من نیز هستند.

جمع آوری و تدوین هر از چندگاه، یادداشت‌هایم نیز با همین دغدغه صورت می‌گیرد که کارنامه پراکنده ام در نشریات و صفحات رسانه‌های مختلف را در قالبی منسجم‌تر به سنجش و قضاوت دیگران بگذارم.

بیش از یک دهه روزنامه‌نگاری در ایران و تداوم آن در خارج از ایران جدا از تجربه‌هایی ارزشمند، یادگارهای نوشتاری بسیاری را نیز برایم باقی گذاشته است.

در مدت فعالیت رسانه ای ام صدها مقاله و یادداشت و گزارش نوشته‌ام و پای صحبت بسیاری از روشنفکران و سیاستمداران و فعالان سیاسی و اجتماعی نشسته‌ام که هر کدام از این تجربه‌ها زمانی که از آن‌ها فاصله می گیرم، ارزش متفاوتی برایم پیدا می کنند.

از جمله جذابیت های غیر قابل انکار حرفه روزنامه‌نگاری برای من، داستان‌ها و حاشیه های پشت هر نوشته و گزارش ثبت شده است.

گاه پیش آمد که حاشیه های یک گزارش از اصل گزارش، ماندگارتر شد و گاهی نیز ناگفته های یک مصاحبه، تکاندهنده و روشنگرتر از اصل مصاحبه بود. گاه شد که یک دیدار با «سوژه»، جرقه ده‌ها موضوع و سوژّه جدید را برای من زد و زمانی هم بود که یک ملاقات تمام تصورات و برنامه‌هایم را برهم زد و غبار فراموشی بر آن پاشید.

پیش از آنکه به بخش یادداشت ها وارد شویم، خالی از لطف نیست که در این فرصت به برخی حاشیه های متن ها، اشاره ای داشته باشم. در ادامه حاشیه های برخی نوشته‌هایم را برای تان تعریف می‌کنم تا بیشتر در متن نوشته‌ها همراهم باشید.

***

چند مطلب آغازین این مجموعه، به موضوع انتشار کتاب عباس امیرانتظام (آن سو اتهام) می‌پردازد که حاشیه‌های خاص خود را دارد. آشنایی من با عباس امیرانتظام، در پی انتشار کتاب او در ایران در شهریور ۱۳۸۱بود. موضوعی که برای من بسیار عجیب بود. در یکی از شب‌ها که دیر وقت از دفتر روزنامه «اعتماد» خارج شده بودم در مسیر منزل، در یکی از کتاب فروشی های حاشیه میدان ولی عصر، جلد های کتاب دو جلدی «آن سوی اتهام» توجه ام را جلب کرد. به داخل مغازه رفتم و با اولین ورق زدن کتاب، هر دو جلد را خریدم. خاطرات امیرانتظام و مجموعه دفاعیات او در دادگاه انقلاب. آنقدر کتاب و محتویات آن برایم جذاب بود که بدون وقفه کتاب را مطالعه کردم و در کمتر از ۴۸ ساعت خواندنش را به اتمام رساندم.

حس می‌کردم این کتاب بزودی از کتابفروشی ها جمع آوری خواهد شد. پیش از این هم سابقه داشته که چنین حسی در مورد کتابی داشتم و همین اتفاق برای آن کتاب افتاده بود. اسم امیرانتظام به اندازه کافی «خط قرمز» بود که انتشار این کتاب برایم عجیب باشد. بعدها متوجه شدم که این کتاب در اصل باید چند سال قبل تر منتشر می‌شد اما به دلایلی وزارت ارشاد از انتشار آن پس از چاپ جلوگیری کرده بود و در آن ایام که اوج مذاکرات هسته ای اروپا با ایران بود، از جمله روزنه های گشوده شده، گشایش در انتشار کتاب‌های متوقف شده بود. می توانم بگویم ادبیات و محتوای کتاب دستخوش کمترین تغییرات شده بود، هرچند حتماً نکات و بخش‌هایی بودند که قابلیت انتشار در آن مقطع زمانی را نداشتند. بگونه ای که بعدها وقتی از آشنایی و دوستی من با امیرانتظام زمان بیشتری گذشت، اسناد و مدارک ناگفته بسیاری در اختیارم قرار گرفت که بخش‌هایی از آن را ضمیمه یکی از کتاب‌هایم (ناگفته های انقلاب ۵۷)[1] کردم که در سال ۲۰۰۸ در پاریس توسط

[1]- چاپ اول: بهار ۱۳۸۷ - نشر خاوران - پاریس

انتشارات خاوران منتشر شد. کتابی که پنج سال در وزارت ارشاد جمهوری اسلامی، خاک خورد و در نهایت با وجود همه تلاش‌ها و رایزنی های من، مجوز نشر در ایران را دریافت نکرد.

پس از آنکه کتاب دو جلدی خاطرات و دفاعیات امیرانتظام را خریدم و خواندم، در روزنامه اعتماد که دبیر سرویس سیاسی‌اش بودم، گزارشی در مورد آن نوشتم. گزارشی که بازتاب بسیاری را در پی داشت. یکی از پیامدهایش آشنایی من با عباس امیرانتظام بود. انتشار اولین گزارشم در روزنامه اعتماد، اعتراض برخی را نیز در پی داشت.

طرح نام امیرانتظام به بهانه انتشار کتابش، موضوعی نبود که خوشایند بسیاری باشد. حتی برخی از سیاسیون اصلاح طلب. مخالفان و دشمنان قدیمی امیرانتظام نیز یکبار دیگر فرصت را مناسب برای حمله به او یافته بودند. اندک دوستان قدیم اش نیز ترجیح می‌دادند ساکت و تماشاگر باشند. البته یکی از پیامدهای گزارش های من و البته در اصل، انتشار کتاب او، عذرخواهی برخی از صاحب منسبان قدیم هم بود.

عبدالمجید معادیخواه که روزگاری در دادگاه علیه امیرانتظام شهادت داده بود، در همین ایام با ارسال نامه‌ای به امیرانتظام از اینکه در دادگاه علیه وی شهادت دروغ داده بود، عذرخواهی کرد.

امیرانتظام همان زمان نسخه‌ای از آن نامه را در اختیار من قرار داد و من با مقدمه‌ای بر آن در روزنامه اعتماد برای اولین بار منتشرش کردم. متن نامه را در همین مجموعه هم قرار داده ام.

خبری که خیلی زود در رسانه‌های مجازی دیگر هم دست به دست

و حتی به نقل از «اعتماد» در روزنامه های دیگر هم بازانتشار شد. یکی دو نفر دیگر هم بودند که حضوری از او بابت گذشته، عذرخواهی کردند که به دلیل امانت داری از بردن نام شان معذورم.

اما در این بین اصغر جمالی فرد که ملقب به «ابوحنیف» بود، عصبانی ترین فردی بود که به سراغ من در روزنامه آمد. درست یک روز پس از انتشار اولین گزارشم در مورد کتاب که در آن جدا از اشاره‌ای به برخی نکات جالب مطرح شده در کتاب، به واکنش عباس عبدی به کتاب هم پرداخته بودم. واکنشی که ضمن تکذیب ادعای بازجویی کردن از امیرانتظام - که در کتاب خاطرات مطرح شده بود - او را «مجرمی» دانسته بود که «بیش از اندازه که حقش بوده در زندان مانده است.» واکنش های عباس عبدی را هم می توانید در همین مجموعه بخوانید.

ابوحنیف که به روزنامه آمده بود، توپ پری داشت و حسابی عصبانی بود. در مقابل خشم او، با آرامش او را دعوت کردم تا به اتاق کارم بیاید و کنارم بنشیند و حرفش را به من بزند. او تقریباً همه ادعاهای امیرانتظام را کذب می‌دانست و دیدگاه متفاوتی داشت. او یکی از افراد نزدیک به محمد منتظری بود که در بخش‌های از کتاب خاطرات امیرانتظام، ماجراهای مختلفی از آن‌ها نقل شده بود. به لحاظ حرفه‌ای این موضوع برای من خوب بود که سوژه گزارشم بازتاب داشته باشد. و همین بازتاب‌ها به من این امکان را می‌داد تا سوژه را با پیگیری زنده نگه دارم. از طرفی به محدودیت‌های رسانه‌ها برای نوشتن در مورد امیرانتظام هم آشنا بودم. هر چه بود، او همچنان یک زندانی سیاسی زیر حکم «حبس ابد» بود که برای دوره درمانی از زندان مرخص شده بود. آن هم مرخصی هایی که هر سه ماه بر اساس مدارک پزشکی باید تمدید می شد.

هرچه بیشتر ابوحنیف با لحن تندتر و ادبیات خاص خود موضوعات

دورن کتاب را تکذیب می‌کرد و روایت خود را حقیقت مطلق می دانست، به نفع من بود. چون این فرصت را برای انتشار همان بخش‌های کتاب در روزنامه به من می داد. بهرحال بلحاظ حرفه‌ای باید اول موضوع را به خواننده منتقل می‌کردم و بعد ادعاهای خلاف آن را! از این نظر مخالفت های ابوحنیف و مدارکی که به من می داد، برای من فرصت های جدیدی ایجاد می کرد.

ابوحنیف اصرار داشت که فقط مطالب او منتشر شود و به یک «جاسوس» فرصتی داده نشود تا دوباره مطرح شود، اما من هم باید فضا را به گونه‌ای مدیریت می‌کردم که امکان یک‌جانبه روی «کیهان وار» به منتقدان و مخالفان امیرانتظام ندهم و هم اصول حرفه‌ای خودم را رعایت کنم.

ابوحنیف برایم نسخه هایی قدیمی از نشریه «پیام شهید» که آن زمان علیه دولت موقت و به قول خودش علیه «لیبرالها» منتشر می‌کردند را آورد. همان نشریه ای که در عکس‌های بجا مانده از دادگاه امیرانتظام نیز در دست او دیده می شود. همچنین در چند نوبت دست نوشته‌های خود در پاسخ به روایت های امیرانتظام را به من داد. در طول آن روزها چندین نوبت، چندین ساعت پای صحبت‌های ابوحنیف نشستم و در کنارش نیز آرشیو و نت برداری های خودم از رسانه‌های دیگر آن زمان را نیز داشتم.

بهرحال دستم از این جهت خالی نبود. اما بسیاری موارد را هم نمی‌شد در رسانه‌های ایران منتشر کرد. پس باید از حداقل فرصت ها حداکثر استفاده را می بردم. آنچه برای من مهم بود انتشار بیش از پیش نکات کتاب و روایت های تاریخی امیرانتظام بود. سال‌ها بود که رسانه‌های حکومتی هر چه خواسته بودند علیه او نوشته بودند و من فکر می کردم، حالا که کتاب او به تعداد هرچند محدود منتشر شده، باید هرچه

می‌توانم برخی مباحث تاریخی اش را به روزنامه‌ها هم بکشانم.

چند گزارش که از بازتاب‌های کتاب خاطرات امیرانتظام برای روزنامه -اعتماد- نوشتم، برمبنای همین دغدغه بود. بعدها نیز که ملاقات های من با عباس امیرانتظام مستمر بر قرار شد ساعت‌ها پای صحبت‌های او نشستم و هم شنونده بودم و هم پرسشگر.

از ملاقات های هفتگی من با او، حدود ۲۰۰ ساعت گفت و گوهای مان را ضبط کردم تا روزی شاید برای علاقمندان مفید و قابل استناد باشد. کتابی که بعدها تحت عنوان «ناگفته های انقلاب۵۷» منتشر کردم، گوشه‌ای از پیاده شده ده‌ها ساعت گفت و گوی من با امیرانتظام است. با این امید که روزی فرصت و انرژی آن را داشته باشم که همه آن لحظات ثبت شده را با دیگران به اشتراک بگذارم، که باور دارم تاریخ و نسل ها آینده بشدت به آن نیازمند هستند.

***

یادداشت «زندگی زیر سایه *توتالیتاریسم*» یکی دیگر از نوشته‌هایم در روزنامه اعتماد است که به بهانه مرور کتاب «خانه دایی یوسف » نوشتم. گاه پیش می‌آید که مجبورید برای نوشتن در مورد موضوعی به دنبال راه‌های میان‌بر و یا حتی راه‌های انحرافی بگردید. اشاره به کتاب خاطراتی با آن مشخصات و تکلمه هایی برآن می توانست یکی از راه‌ها باشد که بتوان، به در گفت تا دیوار بشنود و یا حتی مخاطب را با دادن آدرسی به نتیجه گیری از تجربه‌ای هدایت کرد.

می‌شد سیطره یک نظام توتالیتر بر همه عرصه های زندگی و نقش و تأثیر آن در ویران کردن روابط اجتماعی و خصوصی افراد را به تصویر کشید. و می‌شد به این بهانه نوشت «تمامیت خواهی و توتالیتاریسم سایه شومی که قادر است روزنه های شور و شوق و سرزندگی را نابود کند. **خفقان و فریادهای در گلومانده در چنین فضایی انباشت می‌شود و روزی انفجاری بروز خواهد یافت. این فرجام هر جامعه بسته یی است حتی اگر روزی ابرقدرت جهان باشد.»**

جالب است که مخاطب روزنامه‌ها در ایران بخوبی اشاره ها را دریافت می‌کردند و نشانه را می شناختند. بارها این حس را در مواجه با بدنه جامعه در مورد نوشته‌هایم درک کردم.

***

یادداشت «*سرطان سیاست* در قوه *قضاییه*» نوشته دیگری است در این مجموعه که محور اکثر یاداشت هایم در مورد قوه قضاییه در ایران بوده و هست. همواره در نوشته هایی که مخاطبش دستگاه قضایی بود، تلاش کردم تا یکی از ضعف‌های عدالتخانه را، رسوخ «سیاست» در آن بدانم. در ملاقات هایی نیز که با برخی از مقامات قضایی عالی رتبه پس از پرونده قضایی ام داشتم، از هر فرصتی برای بیان این دیدگاهم بهره بردم.

عمیقاً معتقدم اصلی‌ترین نقطه ضعف و سم کشنده عدالت در دستگاه قضایی، غیر حقوقی و غیر قضایی بودن عمل‌کرد بسیاری از ارکان قضایی جمهوری اسلامی است.

اگر قانون، محوریت عملکردهای قضایی بود، هم بسیاری از خسارت ها به

سیستم قضایی از جهت اعتماد عمومی وارد نمی‌شد و هم احکام قضایی پایه‌های محکم تری برخوردار بود. آن زمان می‌شد برای تغییر و اصلاح قوانین حقوقی/قضایی تلاش کرد. حاکمیت قانون نکته مهمی در پروسه تحولات دموکراتیک در ایران است و البته در موازات آن نیز تلاش برای اصلاح قوانین نابرابر و تبعیض زا و البته مخشوش و مبهم.

می‌توانم بر اساس تجربه مطالعه بسیاری از احکام قضایی که برای فعالان سیاسی و مدنی در دو دهه اخیر صادر شده است این نکته را تأکید کنم که اکثریت مطلق احکام صادره در جمهوری اسلامی بیانیه های سیاسی هستند و نه احکام حقوقی و قضایی.

یادداشت «سرطان سیاست در قوه قضاییه» نیز یکی از یادداشت‌های من در همین زمینه بود که در پی سخنرانی عجیب و تاریخی آیت الله سید محمود شاهرودی در جمع دادستان های کل کشور در سال ۱۳۸۳ نوشته شد. سخنان تکاندهنده و انتقادات صریح ریاست وقت قوه قضاییه علیه عمل‌کرد دادستان های کشور و بخصوص دادستانی تهران، شوکی به همه بود. حتی به ما روزنامه نگاران. صراحت لهجه آیت الله شاهرودی در آن سخنرانی در نوع خود در جمهوری اسلامی بی سابقه بود.

***

در یادداشت «تجربه های یک طرح توهم» به تلاش‌های مقام های قضایی و امنیتی برای سرکوب و به کنترل در آوردن فضای اینترنتی پرداختم. در آن یادداشت به تجربه پرونده ای که خودم هم درگیرش بودم - پرونده موسوم به وبلاگ نویسان - اشاره کردم و نوشتم «نکته ای که از این اقدام در ذهن، پررنگ می‌شود «توهم سرکوب» است.

سرکوبی که به اصطلاح می‌خواست حوزه اینترنت را فشل و با ایجاد ترس و دلهره فعالان این عرصه را منزوی کند.» یادآور شدم که نتایج آن اقدام خاص، برعکس بود چون به گسترش بیشتر وبلاگ نویسی و فعالیت‌های اینترنتی انجامید.

نوشتم که «خطا از آنجا بود که نه موضوع را شناخته بودند و نه ابزار را درست طراحی کرده بودند.» نگاهی نیز به سیاست‌های جمهوری اسلامی در مورد ویدئو، ماهواره و... انداخته بودم. به گسترده شدن بیش از پیش وبلاگ نویسی اشاره کردم و این پرسش را مطرح کردم که «چرا باید به سرکوب فکر کرد؟ چرا باید به حذف روی آورد؟ منطق این رفتار چیست؟ دنیای رسانه دنیای رقابت است و نه شقاوت.» هر چند هرگز جوابی برای چنین سوالاتی دریافت نکردم.

***

در یادداشت «*فاجعه در سیما*» به تجربه‌ای جالب توجه و البته تاسف آور اشاره کردم. داستان تماشای فیلمی در سینِما را تعریف کردم که چند سال بعد وقتی دِر تلویزیون بطور اتفاقی تماشا کردم، داستان و شخصیت های فیلم کاملاً تغییر پیدا کرده بودند. مقوله ای که برای من بسیار خارق‌العاده بود. هرچند بعدها متوجه شدم که بسیاری از شخصیت‌های کارتونی دوران کودکی خودمان نیز چنین بلاهایی بر سرشان آمده بود.

بعدها خیلی به این موضوع فکر کردم که پشت صحنه اتاق های دوبله سیما باید داستان‌های جذابی برای روایت در خود داشته باشند! خدا می‌داند چند هزار دیالوگ ساخته شده بود و چندین میلیون شخصیت جابجا یا حذف شده بودند. زندگی و رشد یافتن در محیطی آنچنانی

آنهم در دهه های پنجاه و شصت به هیچ عنوان با دهه های بعدش قابل مقایسه نیست. امثال من هم بسیارند که در آن دیار، بسیاری از موارد از جلوی دیدگانشان پنهان نگه داشته شد یا حتی قلب شد. اما تحولات دنیا، هر روز توفیق چنین تلاش هایی را سخت تر کرده است. تصور کنید شخصیت «اوشین» را که در دهه شصت یکی از اصلی‌ترین سرگرمی‌های خانه‌های ایرانی بود. حس عجیب همراه با عصبانیتی است وقتی بعدها متوجه شوی چه تغییراتی در آن سریال ایجاد شد!

اما سوژّه یادداشت «فاجعه در سیما» کمی عجیب بود. هم اینکه در دهه هشتاد روی داده بود و هم درست چند سال پیش از آن همین فیلم با زیر نویس فارسی در سینماهای تهران اکران شده بود. البته این موضوع خودش نشان از طبقه بندی های، فرهنگی جمهوری اسلامی دارد که یک موضوع برای مخاطب خاص سینمارو کم مشکل است و برای مخاطب عام سیما، بسیار مشکل دار!

***

از دیگر یادداشت‌های این مجموعه، یادداشت «*چرا روزنا؟*» است. این نوشته مربوط به ایده روزنامه الکترونیکی بود که طرح آن را برای روزنامه اعتماد ملی، آماده و راه اندازی کرده بودم.

آن دوران، به عنوان یکی از اعضای اصلی هیات راه اندازی روزنامه اعتماد ملی، فعالیت می کردم. به دلایل سیاسی و شبه حقوقی قادر نبودم مسوولیتی در تحریریه روزنامه‌ها داشته باشم. حساسیت‌ها روی فعالیت‌هایم پس از تشکیل پرونده قضایی حجیمی علیه من، بسیار زیاد بود و عملاً ممنوع الکار بودم.

اما با دعوت مدیر مسوول روزنامه اعتماد ملی – مجمد جواد حق شناس – به همکاری با آن‌ها شتافتم. روزنامه اعتماد ملی و حزب اعتماد ملی و تلویزیون ماهواره ای صبا، از وعده‌های مهدی کروبی، نامزد معترض انتخابات سال ۱۳۸۴ پس از خروج از حاکمیت بود.

فضای سیاسی کشور دوران پس از خاتمی را تجربه می کرد. مهدی کروبی برای بسیاری از نیروهای سیاسی یک وزنه جدید در معادلات بود. بخصوص پس از انتشار نامه سرگشاده اش به آیت الله سید علی خامنه ای در اعتراض به تقلب انتخاباتی و خداحافظی اعتراض آمیزش از همه سمت های حکومتی.

طراحی وب سایتی فعال و دایره فعالیتی گسترده‌تر از چارچوب های رسانه‌های مکتوب، در آن روزها ایده غریبی بود. روزنامه ها، وب سایت داشتند اما ایده ای که من داشتم فقط وب سایت روزنامه اعتماد ملی نبود. «روزنا» اسمی بود که برای آن برگزیده بودیم. بیشتر هم آوایی با اسامی خبرگزاریِ های دیگر – ایسنا و ایلنا و ایرنا و ایپنا و ... -مد نظر بود و نه لزوماً معنای اختصاری آن.

از مراحل رسیدن به این نام که بگذریم، برای من هدف‌های پنهانی دیگری که در ذهن داشتم، در راه اندازی این سایت مهم بود. پنهانی نه به آن معنای فعالیت مخفی. بلکه من با توجه به تجربه فضای سیاسی کشور در چند مقطع مختلف، روزنامه را در چالش های پیش رو – که برایم قابل حدس بود - کافی نمی دیدم. بخصوص که این سایت به هرحال یکی از مجموعه کانال‌های رسانه ای منتسب به کروبی و حزب اعتماد ملی بود.

از ابتدا، حاضر نبودم ساختار و مشی فعالیت سایت را چارچوب های

حزبی قرار دهم سایت «روزنا» را تجربه‌ای جدید می‌دانستم که باید در لحظه‌های حساس نقش آفرینی می کرد. با وجود این در عمل به دلایلی، آنچه در ذهن داشتم برای اجرایی شدن با موانع مختلفی روبرو شد. از جمله اینکه ساختار تحریریه روزنامه، از همان ابتدا، به روزنا دافعه داشتند. بسیاری از اعضای تحریریه روزنامه، «روزنا» را رقیب می‌دیدند و نه رفیق.

روزنا را من برای پشتیبانی روزنامه و سپر سنگ پرانی ها در مواقع حساس طراحی کرده بودم. انتخابات و لزوم نقش آفرینی رسانه ای، و اهمیت سرعت اطلاع رسانی برای خنثی سازی بازی‌های رسانه ای و روانی، یکی از اصلی‌ترین اهداف پشت ذهن من بود. من می‌دانستم کروبی و حزب اعتماد ملی حداقل ۴ سال نقش مهمی در عرصه سیاسی بازی خواهند کرد. بهرحال آنچه من با اشتیاق و علاقه وِ انرژی زیاد، آغاز کرده بودم ناتمام ماند و در پی سفرم به اروپا عملا زمین ماند.

در یادداشت «چرا روزنا؟» تصویری از ایده ام و اهمیت تحقق آن را ترسیم کرده بودم.

***

یاداشت های «*چرا اعدام؟*» و « *شبی با اعدام صدام*» دو یادداشتی در این مجموعه هستند که در مورد صدور حکم اعدام صدام حسین و اجرای آن حکم نوشته بودم.

از جمله کسانی هستم که با صدور حکم اعدام برای جنایتکارانی همچون صدام مخالف بودم و هستم. البته نه بخاطر اینکه بر مبنای «حق حیات» با اعدام بطور کلی مخالف باشم، بلکه اعدام کسانی چون صدام، را خدمتی به آن‌ها می دانم.

کشتن جنایتکاری که خون صدها و هزاران انسان بی‌گناه را برگردن دارد راحت کردن شان است. در حالی که همیشه فکر می کنم، مجازات یک دیکتاتور با سبقه سیاه در کشتار، زنده نگهداشتن و به تماشا نشاندنش است. تحقیر یک جنایتکار به نظرم مجازات مناسب تری است تا اعدام و کشتنش.

در این دو یادداشت نیز از همین دغدغه ام نوشتم. بخصوص از حسی که در شب اعدام صدام، پس از تماشای صحنه‌های تلویزیونی داشتم.

***

متمایز کردن نیروهای سیاسی فعال و تاثیرگذار در عرصه سیاسی ایران یکی از کارهایی است که هر از چندی انجام می دهم. این تصویر سازی به من کمک می‌کند تا معادلات قدرت و تحولات دورن آن را در دوره های مختلف بهتر تحلیل کنم.
یادداشت «*آرایش نیروهای سیاسی*» تصویری بود که من از نیروهای سیاسی در آن مقطع زمانی که در نیمه های دوره اول احمدی نژآد بود داشتم. دسته بندی هایی که بعدها نیز با اندک تغییری قابل تعمیم بود حداقل تا رویدادهای تاریخی بهار ۱۳۸۸.

***

یادداشت «چرا پس از ۴۰ روز؟» نوشته‌ای بود که در پی با خبر شدن از بازداشت یکی از همکاران روزنامه‌نگار نوشتم. خبر بازداشت او با ۴۰ روز تأخیر منتشر شد و این موضوع مرا که تجربه بازداشت و بازجویی را داشتم بشدت ناراحت کرد. هر چند این اقدام از سوی خانواده او صورت گرفته بود که پذیرش این خواست بازجویان از سوی خانواده نیز برایم قابل درک بود.

به همین دلیل در آن مدت دو یادداشت مرتبط با این موضوع نوشتم و منتشر کردم. یکی یادداشت «*چرا پس از* ۴۰ روز؟» و دیگری «وقتی کسی بازداشت می‌شود چه کنیم؟» این دو یادداشت هرچند به بهانه موردی خاص بود اما در موارد مشابه نیز عمومیت داشت.

***

نوشتن از تأثیرات مواضع ضد اسراییلی احمدی نژآد در عرصه بین‌المللی موضوع دیگری بود که در یادداشت « *رئیس دولتی در خدمت منافع اسراییل*» به آن پرداختم. هر چند در ظاهر دولت او و شخص احمدی نژآد حداکثر تلاش خود را کرد تا به نوعی در منطقه «قهرمان مبارزه با اسراییل» باشد اما با اندکی تأمل در بازخوردهای موضع او می‌شد فهمید که بیشترین سود را دولت اسراییل می برد. اینکه سود و زیاد بردن دو طرف به نفع چه کسانی بود یا هست مد نظر من نبود بلکه در آن نوشته قصد داشتم گذری به مواردی که در عرصه بین‌المللی عملکرد و مواضع ضد اسراییلی احمدی نژآد نتایجی بعکس را سبب شده بود داشته باشم. در آن یادداشت نوشتم که « ظاهراً منافع ملی نظام کنونی ایران را فقط

ضدیتش با منافع دیگران توجیه می‌کنند که همان را هم اشتباهاً انجام می دهد.»

***

یادداشت «ساعتی با دوست اسراییلی ام» که تنها در وبلاگم منتشرش کرده بودم حاشیه های زیادی را برایم در پی داشت. از جمله روزنامه کیهان تهران همین نوشته را سندی از ارتباط من با «موساد» دانست و در خبر ویژه ای نوشت:

«گفتنی است یک روز پس از اعطاء این جوایز {هلمت-همت دیده بان حقوق بشر} «روزبه- م» که دادگاه رسیدگی به اتهامات وی هنوز مفتوح است، با فرار از ایران، مانند برخی دیگر از مدعیان اصلاحات تن به خبرچینی برای اسرائیلی ها داده و در مطلبی با عنوان «ساعتی دیدار با دوست اسرائیلی ام» از ارتباط خود با عناصر صهیونیستی پرده برداشته است.»

پاسخ حسین شریعتمداری را همان زمان در مطلبی که برای روزنامه کیهان هم ارسال کردم دادم. متن خبر کیهان و پاسخ من نیز در همین مجموعه منتشر شده است.

***

متن برخی سخنرانی هایم در دانشگاه‌های آمریکا را نیز در این مجموعه قرار داده ام. دو سخنرانی در مورد «حقوق بشر» است و یک سخنرانی

نیز به مقوله سانسور در مطبوعات ایران می پردازد.

این مجموعه، نوشته هایی با موضوعات دیگری را نیز در بر می گیرد. از تحلیل تحولات مرتبط با مجلس خبرگان رهبری گرفته تا بازخوانی تسویه های دانشگاهی. از تکریم برخی استادان دانشگاه‌های ایران گرفته تا ترسیم شیوه‌های تحدید عرصه رسانه ای کشور. از پرسش کردن از مقامات قضایی گرفته تا زیر سؤال بردن شیوه‌های پلیسی. از طعنه زدن به دست دادن خاتمی در ایتالیا گرفته! تا وارانداز کردن احمدی نژآد در نیویورک.

آنچه در نوشته‌هایم در این مجموعه می خوانید، گوشه‌هایی از دغدغه های همیشگی ام است که در سایه تکاپوهای اصلاح طلبانه دنبال کرده ام. اصلاح طلبی برای من یک روش است همان‌طور که روزنامه‌نگاری برایم یک روش بود و هست. همان‌طور که دموکراسی برایم یک روش بود و هست.

روزبه میرابراهیمی
بهار ۲۰۱۲ - نیویورک

پروازی که با تاخیر انجام شد

* یکشنبه ۲۲ سپتامبر ۲۰۰۲ - به نقل از روزنامه اعتماد

عباس امیرانتظام و خاطراتش به موضوعی پرچالش در محافل مختلف تبدیل شده است. روزی نیست که کسی از آن سراغ نگیرد و یا در مورد رد یا تایید بخش هایی از موارد مطروحه، اظهار نظر نکند. روزنامه اعتماد نیز در انعکاس این دیدگاه ها با حفظ بی طرفی تنها از نگاه یک چشم بیرونی به گزارشگری می پردازد. برخی این کتاب را افترایی بر «کلیت نظام، مسوولین مملکتی، شهدای زنده و شهیدان جاوید» می نامند و برخی دیگر بر آن مهر تایید می زنند. برخی به پاسخگویی بر می آیند و برخی قادر به پاسخگویی نیستند. اما آنچه غیرقابل انکار است، صورت مساله است. این کتاب و این خاطرات، واقعیتی است غیر

قابل انکار، حال یا سراپا کذب و تهمت و افتراست و یا بخشی از واقعیت و این معمایی است که باید در پی پاسخش بود.

امیرانتظام در بخشی از خاطرات خود با اشاره به دادگاه و اتهامات خود می نویسد: "{محمد} منتظری مرا یهودی که سالها قبل بهایی شده‌ام معرفی کرد. او گفت که پدر من به تبرک نام «عباس افندی »یکی از پیشوایان بهایی، نام مرا عباس گذاشته است و من بهایی هستم. او اضافه کرد که من «دشمن خدا، خمینی، انقلاب و مردم ایران» هستم. اینها همان اتهامات ساختگی و مضحکی بودند که در نامه‌های موجود در سفارت امریکا آورده شده بود و گیلانی هم با توجه به همین اتهامات ساختگی، ابتدا مرا به مرگ محکوم کرده بود و..."

در دادگاه امیر انتظام بحث یهودی بودن و بهایی شدن وی مطرح شد. اتهامی که محمد منتظری و برخی از دوستان نزدیکش در این مورد، ادعای داشتن مدرک و سند برای اثبات آن را داشتند. البته به این مورد و پاسخ های امیر انتظام در دادگاه و امروز در شماره‌های آینده خواهیم پرداخت. اما امروز به روایت دیگری در این باره می پردازیم.

اصغر جمالی فرد (ابوحنیف) پس از گذشت چندین سال از وقایع آن سالها و دادگاه مذکور، با تاکید بر ادعاهای گذشته در مورد هویت امیرانتظام، می نویسد: "عباس روافیان فرزند میرزا یعقوب رفوگر عنصر فاسد و فاسق بازار قدیم تهران، در سال ۱۳۱۱ در تهران متولد شد. دوران کودکی و نوجوانی را در کنار پدر و عموی یهودی خود که به فرقه ضاله بهاییت گرویده بودند رشد و نمو و تربیت می یابد. پس از اخذ دیپلم وارد دانشکده فنی می شود و گرایش به استاد خود مهندس مهدی بازرگان پیدا می کند. او مدعی است که در دوران دانشجویی عضو نهضت مقاومت ملی بوده و در سال ۱۳۳۲ نامه اعتراض‌آمیز مهندس بازرگان را از طریق "کاتم"

(عضو ... امریکا و کارمند سفارت امریکا در ایران) به نیکسون معاون رییس جمهوری رسانده و این امر باعث دستگیری بازرگان شده است. تا سال ۱۳۴۰ نام و اثری از عباس روافیان دیده نمی شود تا روز جمعه ۱۹ اردیبهشت ۱۳۴۰ همراه با حسن نزیه و منصور عطایی (خواهرزاده بازرگان) به قصد زیارت دکتر محمد مصدق به سوی احمدآباد می روند که در ساعت ۱۰ همان روز توسط پلیس امنیتی رژیم شاه قبل از ورود به منزل مرحوم دکتر محمد مصدق دستگیر می شوند و تا ساعت ۶ بعدازظهر در حبس مامورین و سپس به سازمان امنیت تهران تحویل داده می شوند، (اسناد نهضت آزادی). نهضت آزادی در ۲۷ اردیبهشت ۱۳۴۰ در خانه مرحوم فیروزآبادی اعلام موجودیت کرده و در نخستین اطلاعیه نهضت آزادی عباس روافیان به عنوان موسس مطرح می شود."

امیر انتظام ضمن تایید عضویتش در جبهه مقاومت ملی و نهضت‌آزادی، حضور خود در نهضت آزادی را تنها به دلیل درخواست و ارادت شخصی به مهندس بازرگان می داند. امیرانتظام هنوز هم ارادت به مصدق و بازرگان را پنهان نکرده و قاطعانه خود را پیرو «مصدق و بازرگان» می نامد. اما ارتباط "عباس امیر انتظام" و "عباس روافیان" چه بود؟

اصغر جمالی فرد (ابوحنیف) با استناد به مدارک اداره ثبت احوال تهران در این مورد می نویسد: "با آغاز مبارزه روحانیت، عباس روافیان با تغییر فامیلی به عباس امیر انتظام بعد از مدتی ایران را به مقصد پاریس و سپس به امریکا ترک می کند و فوق لیسانس مهندسی را از دانشگاه برکلی امریکا اخذ می کند و در سال ۱۳۴۹ به ایران مراجعت و دفتری در خیابان فردوسی تقاطع انقلاب اسلامی ایجاد و به امر تجارت و ارتباط با کاتم و دیگر امریکاییان می پردازد."

ابوحنیف (جمالی فرد) از دانشگاه برکلی با عنوان «دانشگاه جاسوس پرور» یاد می کند و می گوید بر طبق تحقیقاتش اکثر جاسوسان در دنیا، درس‌خوانده برکلی هستند.

امیر انتظام در بخشی از خاطرات خود در مورد حادثه معروف فرودگاه و خروج شهید محمد منتظری نوشته بود: "در بهار سال ۱۳۵۸ که من هنوز معاون نخست وزیر بودم، روزی از فرودگاه به من تلفن شد که محمد منتظری همراه با عده‌یی چریک مسلح می خواهد با هواپیما تهران را ترک کند و مقدار زیادی وسایل عتیقه گرانقیمت با خود دارد."

اما ابوحنیف اتهام دیگری را بر امیر انتظام وارد می کند. او می گوید: "(امیر انتظام) در هفدهم بهمن ۱۳۵۷ در هتل هیلتون به جواهرات زیادی دسترسی پیدا می کند و توسط دوستانش چون هاشم صباغیان و دکتر ابراهیم یزدی، جواهرات را به خارج از کشور انتقال می دهند و در ۲۳ بهمن ۱۳۵۷ حکم نخست‌وزیری و سخنگویی دولت موقت از سوی بازرگان برای او صادر می شود." اینکه این اتهام چگونه اثبات یا رد خواهد شد، موضوعی است که آینده بدان خواهد پرداخت. اما در اردیبهشت ۱۳۵۸ "جلود" و هیات همراه به ایران آمده بودند و سپس از ماجراهایی (که در شماره‌های آینده به طور مفصل بدان خواهیم پرداخت) این هیات که ابوحنیف(جمالی فرد) نیز همراه آن بود به لیبی و سپس یونان رفت. ابوحنیف می نویسد: "پس از بازگشت در خرداد ۱۳۵۸ به مناسبت پیروزی و برچیده شدن پایگاه‌های امریکایی در لیبی ۶۶ نفر از شخصیت‌های اسلامی، حزبی و انقلابی دعوت به عمل‌آمد و قرار بود که با یک فروند هواپیما عازم لیبی شوند که توسط امیر انتظام و شرکا مخالفت به عمل آمد و ناچار جشن را در فرودگاه تهران برگزار کردند. متعاقب آن محمد منتظری و نگارنده مجله شهید را راه‌اندازی

کردیم و در آنجا ماهیت امیر انتظام و دولت موقت را برای ملت افشا کردیم."

یار و همراه محمد منتظری در ادامه می نویسد: "در تیرماه ۱۳۵۸ به اتفاق محمد منتظری، سلمان یحیی صفوی حجتی، عرب زاد و غفوری از مبارزین افغانی پس از اجازه خروج از نخست وزیری و تهیه بلیت ... عازم خارج بودیم که توسط امیر انتظام و ابراهیم یزدی غیرقانونی از پرواز ممانعت به عمل آمد و باعث ۲۴ ساعت وقفه در پروازهای بین‌المللی شد و بالاخره روز بعد با هواپیمای سوری ایران را به قصد سوریه ترک کردیم و امیر انتظام و شرکای امریکایی اش شایع کردند که هیات محمد منتظری قصد خروج ۸ چمدان جواهر و عتیقه‌جات گرانبها را داشتند ولی نهایتا دولت رضایت به خروج چمدانها داد، در صورتیکه مامورین گمرک فرودگاه پس از بازدید چمدانها اشیایی جز لباس و مجلات شهید و بیانیه‌های صادره چیز دیگری مشاهده نکردند."

روزنامه انقلاب اسلامی در همان روزها گزارش داد: "به گزارش خبرنگار انقلاب اسلامی ساعت ۱۱/۳۰ دقیقه صبح دیروز شیخ محمد منتظری فرزند آیت الله منتظری به همراه سه نفر دیگر برای پرواز به لندن به فرودگاه مهرآباد وارد شدند. در سالن ترانزیت به علت اینکه پاسپورت شیخ محمد منتظری که در رژیم سابق بدون مجوز قانونی وارد مملکت شده بود مهر ورودی به ایران را نداشت و همچنین پاسپورت یکی از همراهان وی که دانشجو است بایستی قبلا تمدید می شده، مسوولین فرودگاه مانع پرواز این گروه شدند. چون که چمدان های این گروه قبلا در هواپیما بار شده بود، برج مراقبت پرواز جت ۷۴۷ هواپیمایی ... را به تاخیر انداخت ولی پس از پیاده کردن چمدان های این گروه هواپیما به پرواز خود ادامه داد. در گفت‌و گویی که با خود محمد منتظری و

همراهانش و مسوولین انتظامات فرودگاه به عمل آوردیم شایعه حمله مسلحانه و جلوگیری از پرواز هواپیماها را تکذیب کردند."

انقلاب اسلامی در ادامه گزارش خود می نویسد: "با تمام تماس هایی که تا ساعت ۲۳ دیشب با وزارت امور خارجه و سایر مقامات مسوول مملکتی گرفته شده بود نتیجه‌یی حاصل نشد. در این ساعت فرمانده عملیاتی سپاه پاسداران انقلاب که برای حل و فصل موضوع به فرودگاه آمده بود اظهار داشت، ترتیبی می دهد که فردا (امروز) این گروه با نخستین پرواز مسافرت خود را انجام دهد. سرانجام در ساعت ۱۰/۴۰ دقیقه صبح امروز بعد از مشاجرات فراوان بین این گروه و مسوولین انتظامات فرودگاه با یک هواپیمای سوری عازم لندن شدند." (یکشنبه ۱۰ تیرماه ۵۸ شماره ۱۰ انقلاب اسلامی).

جدال محمد منتظری و امیر انتظام از زبان ابو حنیف

ادامه واکنش ها به کتاب‌آن سوی اتهام

* شنبه ۱۴ سپتامبر ۲۰۰۲ - به نقل از روزنامه اعتماد

در گزارش قبلی وعده دادیم به پاسخ‌های ابوحنیف در مورد شهید محمد منتظری بپردازیم، گزارش امروز به همین موضوع اختصاص دارد. امیرانتظام در بخش‌هایی از خاطرات خود با اشاره به ملاقاتی که با دکتر سحابی در بازداشتگاه داشت، نوشته است: "سحابی خیلی مایوس بود و فکر می کرد که نشود امام را قانع کرد. به ایشان گفتم با تجربه‌یی که در چند بار ملاقات از ایشان دارم، آدم منصفی است و اگر اشتباه کرده باشد و بفهمد که در قضاوت خطا کرده، پافشاری نخواهد کرد. مانند دفعه قبل که شیخ محمد منتظری نامه‌یی به ایشان نوشته بود و اتهام یهودی بودن به من زده بود و امام هم باور کرده بود، اما بعد که فهمید خبری که به ایشان داده شده غلط بوده، طبق اظهار صادق طباطبایی گریه کرده و گفته به دیدنش بروم

تا دلجویی شود."

"ابوحنیف" کل مطالب اشاره شده را کذب محض دانسته و بر موضع شهید منتظری پافشاری می کند. اما ماجرای آن نامه چه بود؟ ابوحنیف مدعی است نامه شهید منتظری ا«کاذیب امیرانتظام» را آشکار می کند.

متن نامه محمد منتظری به امام خمینی(ره)، به تاریخ ۵۸/۲/۲۵ بدین شرح است:

بسم‌الله‌الرحمن‌الرحیم
سرورارجمندحضرت‌امام‌خمینی رهبر انقلاب‌اسلامی شرق‌دام‌ظله

پس‌از سلام، حتما توجه دارید که موضع‌گیری های دولت، اسلامی نیست و امریکایی ها و صهیونیست‌ها و محافظه‌کاران گذشته در دو سال گذشته، بخصوص چگونه عمل کردند و حتی پس از اینکه حضرت شما گروه حاکم را به حکومت رساندید، حتی از حملات علنی به شما که رهبر و سمبل انقلاب اسلامی هستید، دریغ نداشتند و چگونه سنگ‌ها انداختند که طرح‌های اسلامی شما چون بنیاد مستضعفین و امثال آن به هیچوجه کارگر نگردد و نارضایتی های کلیه اقشار مردم را به جایی رسانده‌اند که در بسیاری موارد بدتر از گذشته است و هم‌اکنون فیلم‌های مستهجنی که در لاله‌زار و استانبول به نمایش گذاشته می شود در رژیم شاهنشاهی برای حفظ پرستیژ خود به نمایش نمی گذاشتند و چه موضع‌گیری هایی که در مورد امریکا از رادیو تهران اعلام کردند و معاملات گندم برای ۸ سال و اعلان اینکه ما بیش از ۱۰۰۰ قرارداد با امریکا داریم و نمی توان روابط خوب با امریکایی ها نداشت! و مصاحبه آقای دکتر یزدی با مجله "تایم" امریکایی که می گوید: دکتر یزدی یکی

از مشاورین نزدیک آیت‌الله خمینی است و سپس می گوید: مخالفت کنونی مردم ایران با امریکا از بسیاری جهات و عمدتا برای این است که امریکا با اسراییل روابط حسنه دارد!! (در اطلاعات حدود یک هفته پیش) یا نخست‌وزیر می گوید: "آیت‌الله مطهری فدای مبارزات عمیق خود با مارکسیسم شد" که حضرتتان بحق می فرمایید امریکا در پشت دستجاتی چون فرقان مخفی است! و آری، سرلشگر قرنی و آیت‌الله مطهری از طریق فرقان و توطئه‌یی که نزدیک بود فاجعه‌یی عظیم بیافرینند که بر حسب تحقیقات، مجاهدین خلق (به اصطلاح مسلمان!) و منافقین (یعنی مارکسیست‌های به اصطلاح مجاهدین خلق) در آن دست داشتند و برخی گروه‌های مشکوک دیگر، که ما کشف کردیم.

در مورد آیت‌الله طالقانی، توطئه‌ها را برای آقای ابوالحسن طالقانی و اعظم طالقانی بازگو کردیم و به گوش پدرشان رسید و ایشان به قم آمدند و حل شد و یا کثافت‌کاری هایی که مائوئیست‌های ستاره سرخ و برخی کنفدراسیون چپی ها و فدایی های خلق در کردستان انجام دادند، بخصوص در مهاباد که عزالدین حسینی مزدور ساواک با آنان همکاری داشت و یا در جریان گنبدقابوس که فداییان خلق و مجاهدین خلق آقای مسعود رجوی و امثاله در آن دست داشتند.

و خلاصه اینکه امریکایی ها در کلیه دستجات و سازمان‌های نامبرده و غیره دست دارند که مهندس بازرگان مولف بیش از ۲۰ کتاب اسلامی، بر اثر عدم توجه و بی لیاقتی وی، آنچنان تحت تاثیر ایادی مرموز و ناپیدا قرار گیرند و خلاصه، همه آنها که بر اثر محافظه‌کاری و یا مارکسیستی و یا مارکسیست اسلامی و غیره مخالف خط شما بودند، اکنون عملا متحدند و همگی بتدریج انقلاب اسلامی را خنثی می سازند. نهایت اینکه ایادی مرموز پشت‌پرده مسوولیت‌ها را تقسیم می کنند.

اکنون مساله مهمی که برای ما مطرح است این که چه کسانی در پشت‌پرده هستند و «خانم کسروی»، بهایی، صهیونیست، تشکیل‌دهنده جلسات گوناگون و کاشف اثر انگشت (یکی از مهمترین عملیات جاسوسی) و دارای شوهری سرهنگ فراری، منشی خاص و در دفتر آقای صدر حاج سیدجوادی متدین، مخلا، متواضع و متقی قرار می گیرد و نوروززاده نامی که راننده مدیر سابق دفتر فرح پهلوی بوده است، آقای دکتر یزدی او را در دفتر فلسطینی ها و کنار آقای هانی الحسن قرار می دهد و چگونه است که آقای تکمیل همایون را در ذهن برادرمان آقای بنی صدر جای می دهند که او را به دکتر شریعتمداری وزیر علوم و هنر معرفی کرده که رییس شورای عالی فرهنگ و هنر جمهوری اسلامی ایران قرار گیرد. آقای تکمیل همایون که پرونده جنسی پیدا می کند (شاید عمدا) و بسرعت آقای احسان نراقی (جامعه‌شناس عضو سیا) او را با بورس تحصیلی به اسراییل می فرستد و در اورشلیم تحصیلات خود را پایان و سخنگوی رادیو اسراییل بوده و سپس پس از پایان به پاریس و یکی دو سال پیش مراجعت به ایران و آقای امیرانتظام هم که سخنگوی دولت می شود و خلاصه مسائلی از این قبیل که بسیار است و نامه بنده گنجایش آن را ندارد و خدا نکند که روزی آید که "انقلاب فرزندان خود را بخورد" و ماها و رهبران مخلا انقلاب و حتی شخص رهبر و سمبل انقلاب که بحق شمایید فدا شویم و به دست خودمان و بر اثر عدم‌دقت و بر اثر اینکه یکسری افراد نالایق را که اکثرا هم خوش‌نفسند به دست خودمان سر کار آوریم و بتدریج روح یاس در توده‌های اسلامی میلیونی به وجود آید. توده‌هایی که بزرگ ترین انقلاب را در تاریخ جهان به لطف الهی و با ایمان و شهادت با مشت‌های گره کرده، تحت رهبری های خردمندانه شما به پیروزی رساندند.

در هر حال سندی که بتازگی به دستمان رسیده و بخشنامه وزارت کشور است برای استانداری ها که پس از مطالعه بایستی عملا کادرهای

گذشته وزارت کشور سر کار بیایند و یا سر کار باشند و نه انسان‌های مخلا و معتقد به خط انقلاب اسلامی شما. اگر توضیحات بیشتری خواستید، امر بفرمایید.
والسلام.
قم محمد منتظری

قضاوت در این مورد را برعهده خوانندگان می گذاریم.امیرانتظام در بخش‌هایی از خاطرات خود می نویسد: "در طول مدت ۵۵۰ روز اقامتم در بهداری زندان، همیشه از نداشتن کتاب و روزنامه، ملاقات و هواخوری به مسوولان اعتراض می کردم و آنها توجهی به اعتراضات من نداشتند. تعدادی از پاسداران و محافظان بهداری زندان... هر وقت که می توانستند روزنامه برایم می آوردند... من روزنامه را می گرفتم و حریصانه می خواندم و مطالب را به حافظه‌ام می سپردم... یکی از افرادی که هرگز مرا ندیده بود، ولی همیشه و در همه‌جا محض رضای خدا به من فحش می داد و به انواع اتهامات مرا متهم می کرد، محمد منتظری فرزند آیت‌الله حسینعلی منتظری بود. او در فحاشی و متهم کردن دیگران استاد بود. [...] در آن زمان روزنامه‌یی به نام پیام شهید منتشر می کرد و تمام مطالب او فحش، تهمت، ناسزا به دیگران بود، ... محمد منتظری از بدو تاسیس دولت موقت با شخص بازرگان و من بشدت عناد می ورزید و مطالبی نادرست و دور از حقیقت می نوشت و در سخنرانی هایش ما را امریکایی و مزدور جاسوس امریکا می دانست."

امیرانتظام پس از برشمردن این اوصاف به واقعه‌یی تاریخی اشاره می کند: "در اسفند ۵۷ "جلود" نخست‌وزیر لیبی بدون کسب اجازه یا دعوت دولت ایران به تهران آمد و چون ویزای ورود نداشت از فرودگاه به من تلفن شد و کسب تکلیف کردند... او مدت ۱۱ روز در قم ماند و سپس بدون اطلاع وارد تهران... و روز بعد ایران را ترک کرد."

ابوحنیف در پاسخ به این بخش از خاطرات امیرانتظام می گوید: "جلود و همراهانش در اسفند ماه ۵۷ هرگز به ایران نیامده بود. او در اوایل اردیبهشت ماه ۵۸ با همراهانش وارد ایران شد و دو روز را در قم و بقیه را در تهران گذراند."

امیرانتظام می نویسد: "در بهار ۵۸ که من هنوز معاون نخست‌وزیر بودم، روزی از فرودگاه به من تلفن شد که محمد منتظری با عده‌یی چریک مسلح می خواهد با هواپیما تهران را ترک کند و مقدار زیادی وسایل عتیقه گران‌قیمت با خود دارد. مساله را با آقای نخست‌وزیر در میان گذاشتم."

ابوحنیف که خود جزو همان "عده‌یی چریک مسلح" همراه شهید منتظری بود در این باره می گوید: "این خصلت جاسوسان است که دایما دروغ می گویند، تهمت می زنند تا مردم را به جان یکدیگر بیندازند، اگر امیرانتظام جاسوس نیست اعلام کند که چه شخصیت حقوقی، نظامی، سیاسی، دولتی در آن زمان اعلام کرده بود که چمدان‌های مسافران مملو از وسایل و عتیقه‌های گران‌قیمت است. ما هم امیدواریم امیرانتظام پاسخ این پرسش را بدهد."

امیرانتظام در بخش دیگری از خاطرات دادگاه خود می نویسد: "در مدافعاتم در جواب به محمد منتظری از روزنامه پیام شهید او که تعدادی از آنها را پاسداران بند به من داده بودند استفاده کردم. منتظری در این نشریه چنین نوشته بود: "من (محمد منتظری) در تابستان سال ۱۳۵۸ که هواپیماهای عراقی به کردستان ایران تجاوز کردند، به سفیر عراق در تهران تلفن کردم و از حمله عراق به ایران و دولت موقت تشکر کردم و به سفیر عراق اطمینان دادم که چریک‌های تحت

فرماندهی من آماده کمک به نیروهای عراقی برای سرنگونی دولت موقت امریکایی هستیم." من پس از قرائت متن فوق در دادگاه به طرف رییس دادگاه برگشتم و در حالی که با دست منتظری را نشان می دادم، فریاد زدم: "آقای رییس دادگاه و حاکم شرع، این است جاسوس و وطن‌فروش، حکم شرعی را درباره او اجرا کنید."

ابوحنیف در پاسخ به این اتهامات، با دروغ خواندن این اظهارات می گوید: "دروغ چقدر! کدام پاسدار کدام پیام شهید و... لعنت بر دروغگو باد." اما در این بین شاید بتوان با تحقیق و جست‌وجویی در مطبوعات به حقیقت نزدیکتر شد.

نامه عذر خواهی عبدالمجید معادیخواه

به نام خداوند مهرگستر مهربان

جناب مهندس عباس امیرانتظام!

با سلام و تبریک ۱۳ رجب سالروز تولد مولود کعبه و شهید رمضان، با نگارش سطری چند مزاحم می‌شوم:

در روند ورق‌زدن آنچه با نام آن سوی اتهام نگاشته‌اید، اندوهی سنگین‌تر از گذشته بر دلم نشست و درگیر این پرسش شدمأ آیا آنچه از قلم این زندانی رنج دیده‌تراویده است، باورهای او را بازتاب می‌دهد؟ اگر چنین است وای من! و این همه جدایی چرا؟ نیک می‌دانم که به رهایی از دغدغه‌هایی از این دست، بسادگی جای امیدی نیست! با این همه، کوشیدم

که معمایی را یادآور شوم و دیواری را که با گذر قرن‌ها پدید آمده است، با اشاره‌یی یاد کنم. نمی‌دانم تا کی به سبب این جدایی، قربانی می‌دهیم؟

به هر روی انگیزه‌ام در این نگارش، جز اعترافی صمیمانه نیستأ اعتراف به بداخلاقی، بویژه با یک زندانی هم کیش! شخصیت شما را هرگونه بپندارم، بداخلاقی آن روز را توجیه نمی‌توانم. هرچند لب گشودن به دشنامی را که نگاشته‌اید، دور از باور می‌دانم، نه برای تبرئه خود که با هدف مرهمی بر آن زخم کهنه، به شرایطی بحرانی‌روانی در آن روز شوم! اشاره می‌کنم که شرح آن در این تنگنا نمی‌گنجد. اصراری هم ندارم که شما را در پذیرش پرخاشگری در طرح مسائل زندان با خود هم باور کنم، که اینک انگیزه‌کار سیاسی ندارم. فقط می خواهم که یا پوزش مرا بپذیرید، یا هر کیفری را مناسب می‌دانید پیشنهاد کنید، که گردنم از موی هم باریک‌تر است.

پیرامون خاطره‌نگاری‌تان از نقش و حضورم در دادگاه، به همین اشاره بسنده می‌کنم که: از زندانی رنج دیده‌یی نمی‌توانم انتظار داشته‌باشم که گرایشی گزینشی نداشته باشد.

طبیعی است اگر در پیوند با مخالف، برخوردی برابر با دوستان را نتواند. با این همه، انتظار داشتم که مرز شهادت را از قدح شاهد، پاس می‌داشتید، در آن روز و آن دادگاه با چند زبان گفتم:

از پرونده متهم چنان اطلاعی ندارم که له یا علیه او، موضع‌گیری کنم. آنچه در این دادگاه می‌گویم، جز قدح شاهد نیست. تفاوت شهادت و قدح شاهد، روشن‌تر از آن است که بویژه برای جنابعالی نیازی به پرنویسی باشد. شوخی زشتی که از آن روز به خاطر سپرده‌اید، برایم دور از باور است. هرچند آن روزها در تقابل دوستان نهضت‌آزادی با مواضع مرحوم امام،

آنچنان از خشم انباشته بودم که بسا به رفتاری زشت و دور از باور نیز کشیده شده‌ام. روشن است که آن دوستان نیز می‌توانند تصویر دیگری را در توجیه آن مواضع و رفتارشان، ارایه کنند. اینک سخن از درستی و نادرستی منطق رفتار این و آن نیست. آنچه برایم روشن است، رفتاری عاطفی و ناپسند است با اسیری دربند که امروز از آن پوزش می‌خواهم.

از این همه که بگذریم و با چشم‌پوشی از تفاوت دیدگاه‌ها، نمونه‌هایی اندک شمار، از خطابهای روشن دیدم، چون اشتباه مدرسه علوی با رفاه، در محل برگزاری مراسم فرمان نخست‌وزیری به مرحوم بازرگان. امیدوارم خواندن کتاب را چنان توفیق یابم که در تصحیح سودمند باشد.

کاش شدنی بود که فراتر از چنین نقد سطحی، شکستن طلسم گفتمان انتقادی را می‌توانستم. سرانجام به آنچه گذشت، می‌افزایم که : خاطره نگاری شما را در مقایسه با دیگرانی که از جمهوری اسلامی رنجیده‌اند، ستایش انگیز می‌دانم.

براین پوزش نامه، با آموزه یی علوی نقطه پایان می‌گذارم: پیامد تندروی در کشمکش‌های خصومت‌آلود، آلودگی به گناه است، چنان که پیامد کوتاه آمدن، مظلومیت است! سخن کوتاه! هر که در فضای دشمن کامی گام نهد، پایبندی به تقوا را نمی‌داند.

با تجدید سلام و پوزش و آرزوی گشایش در تنگناهای شخصی و اجتماعی

.

عبدالمجید معادیخواه

دبیر کل بنیاد تاریخ انقلاب اسلامی ایران

واکنش های عباس عبدی به کتاب امیرانتظام

پاسخ به آقای امیرانتظام

وقتی که چاپ اول خاطرات آقای امیرانتظام منتشر شد، ملاحظه گردید که دروغ‌های متعددی در آن به من نسبت داده شده است، اگرچه منطقی بود که ناشر محترم قبل از چاپ حداقل استعلامی می‌کرد، اما در هر حال بلافاصله پاسخ زیر را از طریق اداره کل کتاب وزارت فرهنگ و ارشاد اسلامی برای درج در چاپ‌های بعدی ارسال کردم که این پاسخ همراه توضیح مختصری از آقای امیرانتظام در چاپ‌های بعدی منتشر شده که مجموعه این مطالب به همراه تعلیقی بر توضیحات پایانی آقای امیرانتظام در ادامه آمده است.

جناب آقای صیادی

باسلام

پیرو مذاکرات تلفنی، خواهشمند است دستور فرمایید که متن پیوست که بصورت مصاحبه با یک سایت خبری انجام شده به عنوان پاسخ بنده در رد ادعای عباس امیرانتظام در کلیه چاپ‌های بعدی خاطرات وی درج شود. ضمناً پیشنهاد می‌کنم که ناشر رسماً پاسخ دهد که این کار را انجام خواهد داد، تا بعداً با مشکلی مواجه نشویم.
با تشکر

عباس عبدی

جناب آقای همایی

مدیر محترم انتشارات نشرنی

باسلام

احتراماً، پیرو مذاکره حضوری توضیحات جناب آقای عباس عبدی در خصوص مطالب مطرح شده در کتاب «آن سوی اتهام» به انضمام نامه درخواست ایشان جهت اقدامات لازم ارسال می‌شود. لطفاً نتیجه را به این اداره کل منعکس نمایید.
مجید صیادی

مدیرکل مراکز و روابط فرهنگی

جوابیه آقای عباس عبدی در مورد مطالب کتاب

خبرنگار: آقای امیرانتظام در جلد اول خاطرات خود در برخی موارد نام شما را آورده و سعی کرده تصویری کینه‌جویانه از شما نشان دهد، واقعیت ماجرا چیست؟

عبدی: بنده تاکنون آقای امیرانتظام را جز از تلویزیون ندیده‌ام.

- می‌خواهید بگویید که آقای امیرانتظام بطور کلی دروغ گفته است؟

- وی برخی موارد را اشتباه کرده که دلیل آن را خواهم گفت و در برخی موارد نیز به کلی خلاف واقع گفته است که خلاف بودن آنها به سهولت قابل اثبات است. من پس از اطلاع از این ادعا، احتمال دادم که امیرانتظام مرا با کس دیگری اشتباه گرفته است، همانطور که می‌دانید وی در پاورقی کتاب (صفحه ۷۲ چاپ دوم) می‌نویسد که بعدها دانستم که نام کامل او عباس عبدی است و این ادعا در متن نیست، علت هم روشن است، زیرا دانشجویان همیشه یکدیگر را با اسم کوچک صدا می‌کردند و آن موقع وی نمی‌توانسته از نام خانوادگی مطلع باشد و در سال‌های اخیر چون اسم من مشهور بود، وی برای آرام کردن خود از آنچه که فکر می‌کرد، علیه او بی‌عدالتی شده نام مرا به عنوان آن «عباس» اضافه می‌کند. با صحبتی که با چند تن از دوستان داشتم، فکر می‌کردم که یکی از دانشجویان به نام عباس زری‌باف با وی تماس داشته است، ولی بعداً متوجه شدم که یکی از دانشجویان دانشگاه شهید بهشتی نگهبان وی بوده است و از آنجا که در آن زمان یکی از گروگان‌ها قصد خودکشی داشت، دستور داده بودند که بیش از معمول از امیرانتظام مراقبت کنند به همین دلیل تمامی حرکاتش را تحت کنترل داشتند، بعلاوه به دستور دادستانی موظف بوده‌اند که از مفاد مکالمات تلفنی‌اش مطلع باشند. و اصولاً آمدن امیرانتظام به آن ساختمان برای این بود که در محیط زندان نباشد و این برای احترام گذاشتن به وی بوده است، در حالی که اگر او را به زندان می‌بردند همانطور که در ادامه خاطراتش می‌نویسد،

محیط ناخوشایندی بود. بعلاوه آقای امیرانتظام هم به دانشجویان نگهبان پرخاش می‌کرده و آنها هم متقابلاً لفظ جاسوس را برایش بکار می‌برده‌اند در هر صورت ظاهراً بهتر بود از ابتدا او را به اوین منتقل می‌کردند در مجموع چون امیرانتظام نام فامیل آن فرد را نمی‌دانست امروز فامیلی «عبدی» را که می‌شناسد به آن اضافه کرده است. بعلاوه بنده در آن زمان (دی ماه ۱۳۵۸) بیشتر در شهرستان‌ها و مکان‌های دیگر از طرف دانشجویان سخنرانی می‌کردم و اصولاً در واحد اسناد و مسایل مرتبط با آن نبودم ضمن آن که کار من نگهبانی از افراد نبود، بنابراین اگر حسن ظن داشته باشیم می‌توان گفت که وی در این مورد اشتباه کرده است. اما یک مورد دیگر وجود دارد که صریحاً خلاف واقع گفته است. وی در صفحه ۷۴ (خاطرات ۵ دی ماه ۱۳۵۸) می‌گوید که «امروز روزنامه‌ها مصاحبه افشاگرانه دیشب دانشجویان خط امام (عباس عبدی، ابراهیم اصغرزاده) در رادیو و تلویزیون را چاپ کرده بودند. گذشته از این که من در آن تاریخ در سفارت نبودم اصولاً تمام کسانی که آن مصاحبه را دیده‌اند می‌دانند که ابراهیم و رحیم (از شورای مرکزی دانشجویان) در این مصاحبه شرکت داشتند و من هیچگاه در مصاحبه‌های تلویزیونی دانشجویان شرکت نداشته‌ام. فیلم مصاحبه و عکس‌های آن موجود است. همچنین آقای امیرانتظام زحمت پاسخ به این سوال را به خود نداده‌اند که چطور می‌شود دانشجو از یک طرف محافظ وی باشد و از سوی دیگر در بالاترین سطح دانشجویان اقدام به مصاحبه افشاگرانه کند؟!! اشتباه دیگری که امیرانتظام می نماید و نشان از نوعی کینه‌توزی می‌کند، این است که در صفحه ۱۱۴ فرد دیگری را به نام حسن عباسی معرفی می‌کند و مدعی می‌شود که نام مستعار بنده است. در حالی که اولاً دانشجویان نام مستعار نداشتند، ثانیاً برای کسی که اسمش عباس و نزد امیرانتظام شناخته شده بود، چگونه می‌توان نام مستعار دیگری انتخاب کرد؟ بعلاوه تا آنجا که من شنیده‌ام آن اسم حقیقی و

غیرمستعار است

بنابراین واضح است که مجموعه ادعاهای آقای امیرانتظام از همین اعتبار برخوردار است.

- با این اوصاف چرا شما شکایت نمی‌کنید؟

- به چند دلیل، یکی این که بنده قبول ندارم که به مراجع رسیدگی کننده فعلی مراجعه کنم. دیگر این که به نظر من آقای امیرانتظام بیش از آن چه حقش بود در زندان مانده، حدود پنج سال زندان برایش کافی بود و الآن هم در شرایط روحی مناسبی به سر نمی‌برد. با توجه به این نکات مجازات کردن وی به دلیل شکایت بنده ناجوانمردانه است. نکته دیگر این است که به دلیل ناملایماتی که متحمل شده طبیعی است که علیه عده‌ای فریاد بکشد، به هر دلیل مرا هم در میان آنان قرار داده و از همه مهمتر این که آن ادعاها را وقتی به طریق غیرقضایی جواب بدهیم، اثرگذاری بیشتر دارد.

- در مجموع فکر می‌کنید نسبت به اتهامات وی چه قضاوتی وجود داشته باشد؟

- به نظر من آقای امیرانتظام اول باید بکوشد دوستان سابقش را قانع کند. چند سال قبل در میزگردی با حضور یکی از رهبران نهضت آزادی در اردوی دانشجویان پلی‌تکنیک حضور داشتم، که تمامی مطالب آن در روزنامه آریا چاپ شد، وی در برابر این پرسش که چرا امیرانتظام در دولت موقت بود با ذکر این که کشمیری (همان کسی که انفجار نخست‌وزیری

را انجام داد) هم در دولت رجایی و باهنر نفوذ کرده بود به سوال کننده جواب داد، و با این حرف خود بطور روشن میان آن دو نفر از حیث موردنظر تشابه برقرار کرد که خانم امیرانتظام هم خیلی عصبانی شد و واکنش نشان داد. شما می‌دانید که این روزها هر کس می‌رود زندان محبوب می‌شود، ولی آقای امیرانتظام باید بگوید که چرا حتی دوستانش او را طرد کرده‌اند. به نظر من پاسخ روشن است، آقای امیرانتظام بجای آن که وارد محتوای اسناد شود، آنها را ساخته و پرداخته سیا برای خراب کردن خودش می‌داند، به عبارت دیگر بطور صریح معتقد است که مفاد آن اسناد خیلی بد و زشت است، ولی برای دفاع از خویش می‌گوید که آنها را سیا برای خراب کردن وی ساخته است، که این ادعا از طرف هیچ آدم حتی متوسطی هم قابل بحث نیست و فکر هم نمی‌کنم که این ادعا را جدی مطرح کند، مگر آقای امیرانتظام چه هیزم تری به آمریکایی‌ها فروخته بود که بخواهند خرابش کنند؟

یادداشت امیرانتظام برای چاپ سوم

بسیار خوشحال هستم که زنده مانده‌ام و شرایط سیاسی ایران اجازه داد کتاب‌های من چاپ شود و به اطلاع هموطنانم برسد. از آنجا که حقیقت هیچگاه مخفی نخواهد ماند برای پاسخگویی به اعتراض آقای عبدی و دیگر معترضین در انتظار تشکیل دادگاه صالحه‌ای هستم که پس از پذیرش درخواست اعاده دادرسی طبق اصل ۱۶۸ قانون اساسی جمهوری اسلامی ایران تشکیل گردد. من امیدوارم در آینده نزدیک در دادگاهی علنی، با حضور هیأت منصفه، وکلا و نمایندگان رسانه‌ها و همه سازمان‌های ملی و بین‌المللی که حقوق انسان‌ها را ارج می‌نهند، حقایق بسیار مهمی را برای دفاع از خودم و دولت ملی مهندس مهدی بازرگان به اطلاع هموطنانم برسانم.

من به آینده‌ای بسیار روشن برای هموطنانم امیدوارم و آماده‌ام تا در اعاده دادرسی با اثبات حقایق و اعاده حیثیتم تا پایان عمر در خدمت ملت ایران باقی بمانم.
امیرانتظام

۱۳۸۱/۶/۱۹

تعلیقی بر این یادداشت

بسیار عجیب است که آقای امیرانتظام پاسخ را به شرایطی موهوم و غیرقابل تحقق احاله می‌دهند، زیرا از نظر این رژیم پرونده وی مختومه است و اعاده دادرسی معنایی ندارد، و اگر رژیم دیگری سر کار آید هم این محاکمه تجدید نخواهد شد، پس ظاهراً آقای امیرانتظام هیچگاه نمی‌خواهند جواب این سوال‌ها را به همراه حقایق بسیار مهم دیگر مورد ادعای خویش در اختیار مردم قرار دهند، در حالی که یک فرد سیاسی برای دفاع از خود هیچگاه منتظر تشکیل دادگاه موردنظر نمی‌ماند، بلکه به دقت تمامی موارد اتهامی را مطرح می‌کند (مستند به کیفرخواست) و پاسخ آنها را نیز تحت عنوان دفاعیه تهیه و در اختیار افکار عمومی یا همان هیأت منصفه واقعی قرار می‌دهد و آیا بهتر نبود که آقای امیرانتظام بجای آن که به «آن سوی اتهام» بپردازد، مستقیماً به اصل اتهام می‌پرداخت، حداقل در زمان چاپ کتاب حاضر مشکلی برای انتشار این حقایق بسیار مهم نداشت.
از همه اینها گذشته، آقای امیرانتظام چند مورد دروغ فاحش را علیه من گفته است، و من هم صریحاً و بطور مستدل آنها را رد کرده‌ام، آیا براساس اصول اخلاقی مورد ادعای خودش بهتر نبود بجای احاله پاسخ به زمانی موهوم، در همین جا پاسخ می‌داد؟ خوب روشن است وقتی که پاسخی نباشد و از آن بدتر این که شهامت اقرار به خطا نیز نباشد، نتیجه همین می‌شود که آقای امیرانتظام نوشته است.
عباس عبدی

امیرانتظام و ۲۶ سال مقاومت

پافشاری برای برگزاری دادگاه اعاده دادرسی همچنان ادامه دارد

* اوت ۲۰۰۵ - به نقل از وب سایت ایران ما

روزبه میرابراهیمی- سایت ایران ما: گروه خبر دیروز در خبر ها ، منتشر شد که مرخصی عباس امیرانتظام تا پایان آذر ماه تمدید شده است.

این در حالی است که آخرین مرخصی این زندانی سیاسی تا اول شهریور ماه تمدید شده بود. عباس امیر انتظام را کمتر کسی است که نشناسد. بخصوص اگر سری هم در اخبار و سیاست زده باشد.

عباس امیرانتظام با سابقه ترین زندانی سیاسی جمهوری اسلامی و سخنگوی دولت موقت مهندس بازرگان و معاون نخست وزیر آن روز بود که بعدها به عنوان سفیر ایران به استکهلم رفت تا اداره سفارت

جمهوری اسلامی در کشور های اسکاندیناوی را برعهده بگیرد.

پس از ۱۳ آبان ۵۸ و تسخیر سفارت امریکا توسط دانشجویان پیرو خط امام ، وی برای مشورت به ایران فراخوانده شد اما از سوی دادستانی انقلاب آن روز بازداشت و به زندان منتقل شد.

دستگیری وی در فضایی کاملا انقلابی صورت گرفت و بعد ها دانشجویان خط امام مدعی کشف ا سنادی علیه وی و دولت موقت شدند و همراهان بازرگان را به ارتباط با امریکا و جاسوسی متهم کردند.

سردمداران دانشجویان در مصاحبه های تلویزیونی خود بارها و بارها سخن از خیانت اعضای دولت موقت گفتند و در همان فضا برای بررسی اتهامات امیرا نتظام دادگاهی انقلابی به ریاست محمدی گیلانی برگزار کردند و پس از چند جلسه ، دادگاه علنی که به اصرار بازرگان علنی شده بود ، اقدام به صدور حکم اعدام و با یک درجه تخفیف ، حبس ابد غیر قابل تغییر کرد.

امیر انتظام که به اتهام جاسوسی با چنین حکمی روبرو شده بود هرگز زیر بار چنین اتهامی نرفت. او از سال ۵۸ تاکنون در حال گذراندن محکومیت خود است.

هرچند در این بین چند سالی را برای درمان در مرخصی بسر برده است اما همواره در مواقعی که احساس کرده باید موضع بگیرد به موضع گیری پرداخته است. هر چند این مواضع ا و همواره با هزینه همراه بوده همانگونه که مصاحبه جنجالی وی پس از ترور اسدالله لاجوردی باعث اعلام شکایت خانواده لاجوردی و بازداشت دوباره اش شده بود. بعد ها نیز وقتی وی برای درمان از زندان خارج شد در آستانه جنگ امریکا در عراق با صدور بیانیه ای خواستار برگزاری رفراندوم

برای تغییر نظام جمهوری اسلامی شد. همان بیانیه عاملی بود که امیرانتظام را پس از تعطیلات نوروز و در حالی که تا پایان خرداد ماه همان سال مرخصی استعلاجی داشت به زندان بازگرداندند.

اما این همه ماجرا نبود چون چند ماه پس از زندانی شدن دوباره او بدلیل بحرانی شدن وضعیت جسمی ، وی به مرخصی اعزام شد تا تحت عمل جراحی مهره های کمر قرار گیرد. از آن روز تا کنون امیرا نتظام با تمدید مرخصی در بیرون از زندان بسر می برد. هرچند او در چنین شرایطی نیز از موضع گیری باز نایستاد. بیانیه ها و اعلام مواضع وی در آستانه ا نتخابات ریاست جمهوری اخیر در مورد تحریم انتخابات در رسانه های مختلف داخلی و خارجی منتشرشد.

وی همواره برگزاری رفراندومی برای تغییر نظام زیر نظر سازمان ملل را روش رسیدن به هدف اعلام می کند.

از سوی دیگر امیر انتظام از جمله معضلات حقوق بشری نظام جمهوری اسلامی در طول ۲۶ سال اخیر بوده است.

آنچه بر او در این سالها گذشت همواره سوژه نهاد های حقوق بشری دنیا بود. امیر ا نتظام در این سالها دو جایزه بین المللی در زمینه حقوق بشر را نیز از آن خود کرده است. از سوی دیگر در برخی مواقع نیز مسئولان قضایی در دوره های گذشته بر اثر فشارهای بین ا لمللی تصمیم به آزادی وی گرفته بودند. اما هر بار وی ضمن وا کنش منفی به این اقدام خواسته خود در زمینه برگزاری دادگاه اعاده دادرسی را تکرار می کرد.

البته امیرانتظام دادگاهی را طلب می کند که علنی و با حضور

رسانه های داخلی و خارجی و نهادهای بین المللی باشد. وی بارها اعلام کرده که تنها در آن صورت است که حاضر به خروج از زندان خواهد شد و اجازه نخواهد داد کسی او را مورد عفو قرار دهد.

وی معتقد ا ست بر او ظلمی رفته ا ست که باید از او اعاده حیثیت شود. این خواست امیرا نتظام در حالی مطرح می شود که افکار عمومی هرگز اتهامات منسوب به وی را باور نکرد. حتی برخی از دانشجویان پرشور آن روزها که از دیوار سفارت امریکا بالا رفته و بحرانی بد خیم را عامل شده بودند نیز بعدها به نزد امیر ا نتظام آمدند و از او برای آنچه کرده بودند پوزش خوا ستند. حتی چند سال پیش و پس از انتشار کتاب خاطرات امیر ا نتظام عبدالمجید معادیخواه از جمله روحانیونی که در دادگاه علیه وی شهادت داده بود در نامه ای سرگشاده از امیرانتظام وآنچه بر او رفته بود عذرخواهی کرد. با تمام این تفاصیل در ابتدای هفته جاری مرخصی استعلاجی این زندانی با سابقه سیاسی برای سه ماه دیگر تمدید شد تا وی به ادامه معا لجات خود در خارج از زندان بپردازد. وی هنوز هم تاکید می کند که اتهامات خود را قبول ندارد و تا احقاق حقوق پایمال شده اش بر خواسته های خود پافشاری خواهد کرد.

آذر ماه که فرا برسد ۲۶ سال از دوران محکومیت این زندانی می گذرد و در بیست و هفتمین سال زندانش همچنان به دنبال اعاده حیثیت و برگزاری دادگاهی علنی و جهانی است. باید دید چه زمانی این خواست رنگ تحقق به خود خواهد گرفت. آیا وی تا آن زمان منتظر خواهد ماند؟

زندگی در سایه توتالیتاریسم

* سه شنبه ۲۱ ژانویه ۲۰۰۳ - به نقل از ویژه نامه سیاستنامه روزنامه اعتماد

خاطرات سیاسی یکی از وجوه جذاب و خواندنی ادبیات سیاسی در ایران معاصر است. در طی دو دهه گذشته امکان انتشار یادداشت‌ها و خاطرات بسیاری از رهبران احزاب و جریان‌های سیاسی با گرایشات گوناگون فراهم آمده است. کتاب «خانه دایی یوسف» حکایت از حوادثی بسیار نزدیک به زمان ما دارد. «دایی یوسف» در واقع نام مستعار کشور شوروی و رهبرش استالین است که مامن معتقدان این مکتب به شمار می رفته است.

نویسنده کتاب اتابک فتح‌اللهزاده از مبارزان قدیمی جنبش چپ ایران است. قبل از انقلاب در خانه‌های تیمی می زیسته و سپس در جریان حوادث انقلاب و پس از آن بسیار جدی و صمیمی فعالیت سیاسی می کرده است. در طی ماجراهای سیاسی و حوادثی که پیش می آید به ناچار و برای نجات خود از مرز می گذرد و دوره‌یی دیگر از زندگی او آغاز می شود. دوره‌یی که با هولناک‌ترین تجربیات انسانی عجین شده است.

اتابک فتح‌الله زاده کتاب خود را به «هزاران ایرانی بی نام و نشان که در زندان‌های استالینی و اردوگاه‌های سیبری جان باختند » تقدیم کرده است و می نویسد: «من در این کتاب تا آنجایی که امکان داشت سعی کردم سخنی از روی حقیقت گفته باشم و همواره منافع کشورم را با اهمیت‌تر از هر مصلحت دیگر مد نظر قرار دهم...» وی همچنین با نگاهی کاملا انتقادی به زندگی سیاسی خود و سازمان فداییان اکثریت نگاه می کند و این در نوع خود قابل توجه است.

از دیگر ویژگی های کتاب، مطالعه نویسنده در احوال دیگر مهاجران ایرانی در شهرهای شوروی است. نویسنده در این بخش تصویری بسیار هولناک از زندگی فاجعه‌بار نسلی از مهاجران ایرانی در شوروی به دست می دهد. بدون تردید این بخش از کتاب از قوی ترین و در عین حال از تکان‌دهنده‌ترین بخش‌های خاطرات اتابک فتح‌الله‌زاده است. او می نویسد: «نه من و نه کسی دیگر از سازمان فداییان خلق ایران (اکثریت) خبر داشتیم که در شصت کیلومتری ما در کازاخستان گروهی از ایرانیان کهنسال و دردمند زندگی می کنند... این پیرمردان زجر دیده و زندگی فاجعه‌بار آنها... به اعضای سازمان اجازه ملاقات با آنها را نمی دادند و سرانجام نیز بنا به توصیه کا.گ.ب به افراد اخطار کرد که بی درنگ هرگونه رابطه را با آنها قطع کنند .» کتاب «خانه دایی یوسف» به فاصله بسیار کوتاه دو بار در سوئد چاپ شده است.

***

«من تا زمانی که خود را طرفدار انقلاب می دانستم، هرگز به فکر خودکشی نیفتاده بودم. اما عوامل مختلفی از هر سو روح مرا در منگنه می فشرد. هر روز افسرده‌تر می شدم و میل به ادامه زندگی در من کمتر می شد. برخوردهای سرد و طرد کننده مستقیم و غیرمستقیم

به سبب طرز فکرم، در سرزمین غریب برایم شکنجه‌آور بود. یکی از اعضای سازمان که به تور کا.گ.ب. افتاده بود، پرده از رازی برداشت که ذهن مرا قفل کرد. وی اهل مشروب نبود اما شبی مشروب خورده و به خانه من آمد. پس از مقدمه‌چینی گفت: «امشب می خواهم رازی را با تو در میان بگذارم. اما نخست می خواهم که مرا ببخشی. از همان سالهای اول که وارد این سرزمین جهنمی شدم، اعتقادات کمونیستی من مورد سوءاستفاده قرار گرفت و کا.گ.ب. شروع به کار کشیدن از من کرد. بنا به تعلیمات کا.گ.ب، به سازمان گفتم که کا.گ.ب. به من رجوع کرده اما من رد کرده‌ام. حال از دست هر دو خسته‌شده‌ام و می خواهم از دست هر دو خلاص شوم. به سازمان گفتم می خواهم برای مبارزه به ایران بروم، آنها قبول کردند. اما کا.گ.ب. بی شرف می گوید در ایران سازمان را رها کن و برو فلان شهر! این هم قرار تو باشد! کسی به تو با این رمز مراجعه می کند، با وی همکاری بکن ، پول و امکانات هم بگیر. اما من می خواهم از این شرایط جهنمی و از دست هر دو فرار کنم.»

پس از کمی مکث با شرمندگی ادامه داد، «در این مدت کارهایی کرده‌ام که از گفتن آن شرم دارم. یکی از این کارها این بود که من بنا به سفارش کا.گ.ب. تو را مدتها تحت نظر کامل داشتم. همه حرف ها و حرکات تو را گزارش کرده‌ام. زیرا از نظر آنها تو یک فرد ضد شوروی هستی. در ضمن بنا به سفارش مسوؤل شعبه امنیت سازمان در تاشکند هم من و دوستم جداگانه تو را تعقیب کرده‌ایم.»

«این راز مانند پتک بر سرم فرود آمد. ناراحتی من نه از این دو جوان نوزده و بیست‌ساله و نه حتی از مقامات شوروی، بلکه از دو رفیقی بود که با یکی از آنها در شاخه تبریز در زمان شاه همرزم بودم و در آن زمان در خانه‌های تیمی مختلف با سیانور زیر زبان زندگی می کردیم.

آن دیگری نیز از زمان انقلاب رفیق صمیمی بوده است. این دو نفر عضو شعبه امنیت تاشکند و هر دو دوره ویژه امنیتی را در مسکو دیده بودند. هرچه فکر کردم مگر کا.گ.ب. بس نبود، دیگر چرا سازمان در این راه قدم گذاشته است؟ چرا لباس و ماسک و پوست اجاره‌یی کا.گ.ب. را پوشیده و در پشت و پناه شوروی خود را شیر و چکای شوروی حساب می کند و به خیال مبارزه با جمهوری اسلامی، به تراشیدن سر دوستان خود مشغول شده است؟»

«درست یا نادرست، در آن روزها آرزو می کردم ای کاش به‌جای این شکنجه روحی، در زندان اوین بودم. به سبب اوضاع و شرایطی که داشتم با شنیدن این ماجرا دیگر قادر به انسجام فکر خود نبودم و برای خلاصی به فکر خودکشی افتادم. چگونگی آن را هم مشخص کرده بودم. صبح که بلند شدم رخسار دخترم که در خواب بود مرا تکان داد، از مادرم خجالت کشیدم. خود را شروع به سرزنش کردم و از اجرای تصمیم خودکشی منصرف شدم. اما دو شب بود که خوابم نمی برد. روز بعد سر کار اشک از چشمانم جاری شد و تسکینم داد. خانمی روس که همکار من بود، هنگامی که متوجه گریه من شد، گفت:اتابک چرا گریه می کنی؟ چه شده است؟ تنها توانستم بگویم: دلم برای کشورم تنگ شده است. خانم مهربان مرا دلداری داد. پس از گریه احساس سبکی کردم و کاملاص از فکر خودکشی منصرف شدم. (بخش هایی از کتاب خانه دایی یوسف)

«کمی به حاشیه رفتم، به هر روی، در آن روزها عکس مصدق را به دیوار خانه‌مان در تاشکند زده بودم و از دیدن مجسمه‌های لنین در خانه بعضی از دوستان احساس چندش آوری به من دست می داد. از درون من یک ندا برمی خواست که تو ایرانی هستی، در این دنیای وانفسا هرکس باید برای خودش،خانواده‌اش و کشورش کار و تلاش کند.

تمام کشورهایی که به جایی رسیدند بیش از هر چیز مواظب آن بوده و هستند که باد کلاه‌شان را نبرد. در جامعه شوروی می دیدم که با وجود تبلیغات انترناسیونالیستی، سیاست روسی کردن همه چیز یک قانون نانوشته است. به هرحال همین احساس ایرانی بودن و عشق به سربلندی ایران به من کمک کرد که بسیاری از دردهای روحی را که بدتر از شکنجه‌های جسمی بود تحمل کنم. (بخش هایی از کتاب خانه دایی یوسف)

«سوءاستفاده از افراد متاهل در باکو و تاشکند و شهرهای دیگر که همسر و فرزندان‌شان در ایران مانده بودند، به تنهایی چهره کثیف و ناجوانمردانه کا.گ.ب را برملا می سازد. این رازهای دردناک و فاجعه‌بار را خود این افراد می توانند بهتر از همه بازگو بکنند. (اگر بکنند؟) اما این همکاری ها برای آوردن خانواده‌ها همیشه همراه با موفقیت نبوده است. یکی از افراد هم حوزه‌یی من که اوایل، منتقد سازمان بود، هنگام گذر از مرز با زن باردار و فرزند خردسالش، مواجه با امواج خروشان رودخانه می شوند. آب مرد را به طرف مرز شوروی می برد ولی همسر و فرزندش را به طرف ایران پس می زند. در این هنگام ماموران مرزبانی شوروی متوجه شده لب مرز می آیند. همان‌گاه ماموران ایرانی هم رسیده ، همسرش را دستگیر می کنند. آقای م از خاک شوروی می بیند که همسرش دستگیر می شود به این سبب وی تلاش می کند که به طرف مرز ایران بازگردد. ولی ماموران شوروی مانع می شوند. وی از لب مرز شاهد صحنه دلخراش دستگیری همسر و گریه بچه‌اش می شود. همسر و فرزند او یک راست به زندان اوین منتقل می شوند. او در تاشکند بشدت ناراحت بود و شب‌ها خوابش نمی برد،احساس گناه می کرد و ساعت‌ها در کنار رودخانه به فکر فرو می رفت. »(بخش هایی از کتاب خانه دایی یوسف)

***

سالها پیش زمانی که کتابی از فیلسوف شهیر آلمانی مانس اشپربر را می خواندم در بخش هایی از آن خاطرات اشپربر از واقعه‌یی سخن می گوید که ترسیم اوج خفقان در حکومت‌های توتالیتر بود. در غروب یک روز پاییزی و در ساحل دریا اشپربر و همسرش که هر دو عضو حزب کمونیست بودند، از رازی پرده برمی دارند. آنها سالها بود که در حزب بودند و اندیشه‌شان آن اندیشه‌یی بود که حزب به خوردشان می داد. هر دو در پی درک تحولات و لمس واقعیات دچار تردید شده بودند. تردیدی که حق بازگویی اش را نداشتند. آخر، حزب جوری بارشان آورده بود که زن و شوهر «راپورتچی» هم بودند. آنها حتی برای ازدواج نیز محتاج مجوز حزب بودند. در آن غروب پاییزی، اشپربر سخنانی را می شنید که سالها بود خود هم به آن رسیده بود. اما جرات بازگو کردنش را نداشت. آنها به اساس تفکر خوب‌شان شک کرده بودند. شکی که بیانش هزینه‌های فراوانی در پی داشت. شاید اخراج که کمترینش بود.

تمامیت‌خواهی و توتالیتاریسم سایه شومی که قادر است روزنه‌های شور و شوق و سرزندگی را نابود کند. خفقان و فریادهای در گلو مانده در چنین فضایی انباشت می شود و روزی در انفجاری بروز خواهد یافت. این فرجام هرجامعه بسته‌یی است. حتی اگر روزی ابرقدرت جهان باشد.

سرطان سیاست در قوه قضاییه

* دوشنبه ۹ مه ۲۰۰۵

تا امروز حتما همه سخنرانی آیت الله شاهرودی در جمع دادستان های کشور را خوانده اند. چند روزی برای نوشتن صبر کردم تا بازتاب های مواضع تحسین برانگیز رییس قوه قضاییه را تحلیل کنم. مواضعی که به جد می توانم ماندگار ترین حرکت وی در دوره ریاست بر عدالتخانه جمهوری اسلامی بنامَمش. دوره ای که فرود بسیاری داشت اما فراز نفس گیری را طی می کند. شاید خیلی ها که نوشته های مرا در دوران پس از زندان دنبال می کردند متوجه شده بودند که من در موضع گیری در مورد شخص ریاست قوه قضاییه بخصوص پس از دیدار با وی محترمانه ترین الفاظ را به کار می بردم. حتی بسیاری به من با طعنه می گفتند **مدافع قوه قضاییه**

شده ای! اما خوشحالم که امروز کمتر کسی وجود دارد که خاکستری ببیند و با امثال من با زبان طعنه سخن بگوید. هر چند دفاع من از وی مشروط به اقدامات مثبت در جهت حقوق مردم بود. اصولا سخت معتقدم که از اقدام مثبت هر کسی در هر مقامی در جهت همراهی با مردم و حقوقشان باید دفاع کرد. این دفاع نافی انتقاد نیست و همواره زبان و قلم تلخ من سو ظن های فراوانی را در پی داشته است.

در ماجرای پرونده ما و داستان هایی که در پی داشت ظنی در من تقویت شد که در دستگاه قضا هم انسان هایی هستند که در پی خدمت باشند و نه تشنه قدرت. پی بردم که هستند کسانی که به واقع عدالت را اصالت می دهند ونه سیاست را. که شاید غده سرطانی خانه کرده در دستگاه قضا را نیز سیاسی بودن بخش هایی از آن بتوان دانست. آیا اگر عدالت محض سرلوحه اعمال شاغلان عدالتخانه بود این همه بحران و غبار بر چهره این قوه می نشست؟ می دانم که ریاست قوه قضاییه آنچه را که بر زبان رانده گوشه ای از ناگفته های پنهان شده در قلبش است. ظریفی به من می گفت: «تو چقدر ... هستی! اینها همه سراپا یک ...اند. گول بازی های اینها را نخور!!» به نظر شما این دیدگاه غالبی نیست؟ چرا چنین شده است؟! در ابتدای نامه ای که در روز دیدارمان با آیت الله شاهرودی به او دادم نوشته بودم، **به نام خداوند عدالت**. واین همان چیزی بود در حال محو شدن بود. عدالتی که در پس پرده های چهارمیخ شده، قربانی سیاست شده بود. آیت الله شاهرودی گام بلندی در راه رفع انحراف در دستگاه قضا برداشته است. گامی که امیدوارم محکمی اش خانه کرده گان در لانه های تاریک را به لرزه در آورد. باور کنید اصلاح محتاج اقدام است. حتی اگر کسانی راه تهدید را برگزینند یا قصد انصراف را داشته باشند.

این را هم نشنیده بگیرید که پیش از سخنان رییس قوه قضاییه و صدور بخشنامه

جدید،برخی مقامات دستپاچه شدند و سعی در منصرف کردن ایشان داشتند.
به هر حال امیدوارم لااقل آیت الله شاهرودی متهم به سیاه نمایی برای تضعیف نظام نشوند!

تجربه های یک طرح توهم

* چهارشنبه ۱۲ اکتبر ۲۰۰۵

سال پیش در چنین روزهایی خبر اول اکثر رسانه های داخلی و خارجی دستگیری عده ای از فعالان عرصه اینترنت و روزنامه نگار بود. همان ماجرا که بعدها به پرونده وبلاگ نویسان مشهور شد. اکنون و پس از گذشت یکسال از آن مقطع بحرانی می توان با نگاهی منطقی به دستاوردهای آن" توهم" نگاهی انداخت و این پرسش را مطرح کرد که طراحان چنین پرو ژ ه ای چه در سر داشتند و با چه تحلیلی قدم در این راه نهادند.

اولین نکته ای که از آن اقدام در ذهن ، پررنگ می شود " توهم سرکوب" بود. سرکوبی که به اصطلاح می خواست حوزه اینترنت را فشل و با ایجاد ترس و دلهره فعالان این عرصه را منزوی کند. اما نتیجه چه شد؟ درست مثل همیشه عکس آن چیزی که طراحان در ذهن داشتند. خطا

از آنجا بود که نه مورد را شناخته بودند و نه ابزار را درست طراحی کرده بودند.

اصولا با دنیایی به جنگ برخاسته بودند که از همه جایش ناآگاه بودند و البته با تحلیل هایی اشتباه سر از ناکجاآباد درآوردند. آیا می توان اینترنت و فضای مجازی دهکده جهانی را تهدید کرد؟ پاسخش ساده و روشن است. مگر ویدئو و دیش های ماهواره با رویکرد حذفی تاثیر خود را از دست دادند که این یکی به آن فرجام مبتلا شود؟! وقتی ویدئو ممنوع شد دستگاه های نوار کوچک و بزرگ خانه به خانه شهرمان چرخید و زمانی از سوی مسئولان پذیرفته شد که اجتناب ناپذیر همه گیر شده بود. به راهبرد حکومت در برخورد با ماهواره نگاه کنید. کمتر خانه ای در شهر و روستا این سرزمین بدون دیش و ماهواره است. باور می کنید تهران که سهل است در دهکوره های روستاهای آذربایجان هم این ماهواره است که اعضای خانواده را تغذیه می کند.

... و اینک اینترنت در خانه همه، جایی یافته است. امروزه اگر کسی با کامپیوتر و اینترنت آشنا نباشد بی سواد خوانده می شود. حالا می خواهیم چه کنیم؟! سرکوب؟! تهدید؟! ارعاب؟! سانسور؟!

همه این موارد که گفتم در مورد موضوع مورد بحث مان هم مصداق دارد. برخورد با اینترنت چه فرجامی داشت؟ گسترش کاربران اینترنت و تقویت قدرت مرجعیت این ابزار رسانه ای مدرن.

وبلاگ چه؟ دقیقا در گستره وسیع تری چنین سرنوشتی هم شامل حال وبلاگ به عنوان ابزاری برای ابراز عقیده شد. پرونده وبلاگ نویسان بجز نام آشنا کردن عده ای، مفید بودن وبلاگ و وبلاگ نویسی را به همراه داشت. کسانی که پیش از آن این دنیا را جدی نمی گرفتند بیش از

پیش ارزشش را دانستند و آنانی که هیچ علقه ای با آن نداشتند پا به دنیای پرقدرتی نهادند که جایی برای طرح دغدغه ها بود.

امروز روزنامه نگاران افسرده از خود سانسوری به آن پناه می برند تا خود را فراموش نکنند. امروز سیاستمداران گریزپا ، خسته از خودمحوری با خود نزدیک ترند. امروز همه از دری به آن وارد شده اند و چه چیز بهتر از میدانی برای گفتن، شنیدن و فریاد زدن.

حال چرا باید به سرکوب فکر کرد؟ چرا باید به حذف روی آورد؟ منطق این رفتار چیست؟ دنیای رسانه دنیای رقابت است و نه شقاوت.
بازداشت های زنجیره ای سال گذشته برای حکومت تجربه ای تکراری داشت؛ حذف چاره کار نیست.
برای روزنامه نگاران هم تجربه آشنایی و جدی گرفتن دنیای جدیدی را به همراه داشت.
... و برای همه فرصتی برای سخن گفتن های پیاپی ، حتی اگر بسیاری نخواهند تا سخنی گفته شود.

توصیه به رئیس جدید دادگستری

* دوشنبه ۳ اکتبر ۲۰۰۵

رئیس دادگستری استان تهران از اصفهان آمد. علیرضا آوایی در مسندی می نشیند که عباسعلی علیزاده به مدت شش سال بر آن تکیه زده بود. شش سالی که شاید در بعد قضایی چندان برای اصلاح طلبان شیرین نبود. توقیف و تنبیه و زندان و ترور. در پی تغییر رویکردی که از سال پیش در دستگاه قضایی روی داد علیزاده نیز خود را هماهنگ کرد. از حقوق شهروندی گفت، تخلفات را بررسی کرد و حتی شجاعانه گزارشی جنجالی به افکار عمومی داد. و البته در مقابل فشارهای پس از انتشار آن گزارش هم کم نیاورد. اما بالاخره قسمت این شد تا از دادگستری به ستاد قوه قضائیه منتقل شود. علیزاده تلویحا در سخنان خود در روز تودیع گفت که قانون را بعضی مواقع رعایت نکرده است و یا خوشبینانه از کنارش گذشته است اما هر چه بود او رفت تا در جای دیگری روزگار بگذراند.

اما رئیس جدید با سخنان جدیدی آمد که گویای روش و منش اوست. او

در اولین اظهار نظر خود گفت که استحکام احکام قضایی برای او اهمیت دارد و در رضایتمندی شهروندان تاثیر گذار. البته باید برای قضاوت در مورد عملکرد رئیس جدید کمی صبر کرد. اما از حق شهروندی خودم استفاده می کنم و دو توصیه برای او دارم.

یک . قضاوت را از سیاست جدا کند و کمترین تاثیر سیاسی را در احکام قضایی شاهد باشیم. امیدوارم بیانیه سیاسی از دادگستر منتشر نشود.
دو . همانگونه که وی اظهار داشته استحکام قضایی احکام بگونه ای باشد که دیگر شاهد صدور احکام بسیار متفاوت در دادگاه های بدوی و تجدیدنظر نباشیم.

کار به تغییر فیلمنامه هم کشید

فاجعه در سیما

* جمعه ۶ ژانویه ۲۰۰۶

دیشب پس از مدت ها پای تلویزیون نشستم تا فیلم " اتاق پسر" را که دوستش داشتم و قبلا بر روی پرده سینما دیده بودم را ببینم. فکر کنم سال ۸۲ بود که شبی در زمستان ، ساعت ۹ شب به همراه شهرام رفیع زاده از روزنامه -اعتماد- برای دیدن این فیلم که آخرین شب اکرانش بود به سینما فرهنگ قلهک رفتیم.

هر چند پس از دیدن فیلم که با شهرام مسیر بازگشت را پیاده می آمدیم خبر فوت شوهر خواهر شهرام رسید اما جدا از آن فیلم نیز تاثیر زیادی بر ما دو نفر گذاشته بود و خاطراتی را زنده کرده بود که دوست داشتنی بود. فیلم زبان اصلی بود و با زیر نویس فارسی پخش می شد. به دلیل یادآوری همان روزها وقتی فهمیدم قرار است "سینما یک" این فیلم را پخش کند مشتاقانه پای تلویزیون نشستم.

اما فاجعه در این جا بود سیمای جمهوری اسلامی کارش به جایی رسیده که دست به فیلمنامه فیلم هم می برد و شخصیت سازی می کند و دیالوگ اضافه می کند. کمی دقت کنید؟
اصل ماجرای فیلم اینگونه بود (البته در زمانی که ما بر روی پرده دیدیم) : نقش اصلی فیلم روانکاوی است که نانی مورتی نقشش را بازی می کند. البته کارگردان فیلم هم خودش است. این روانکاو، "جیووانی" نام دارد. جیووانی به همراه همسر و فرزندانش ؛ "ایرن" و "آندره آ" در شهر ساحلی کوچکی در ایتالیا زندگی می کند. زندگی آرام آنها با مرگ پسر خانواده اش یعنی "آندره آ" از حالت معمولی خارج می شود. جیووانی بعد از مرگ پسرش دچار بحران روحی می شود. به این بحران نامه های عاشقانه دختری که در تابستان گذشته با "اندره آ" آشنا شده عمق بیشتری می بخشد و....

اما فکر می کنید دیشب در سیما چه دیدم؟ در فیلمی که پخش شد دختری که عاشق "آندره آ" شده بود و برایش پس از مرگ هم نامه های عاشقانه می فرستاد "پسر" شده بود! فهمیدید چه شد. دوست دختر تبدیل شد به دوست پسر. و شخصیتی به نام "آنتوان" پدید آمد.

من از شدت تعجب چون فیلم را دیده بودم با خود می گفتم پس حتما بخش های پایانی که دختر به منزل "آندره آ" می آید هم سانسور خواهد شد اما با کمال تعجب دیدم آمدن دختر سانسور نشد اما همان دختر شد خواهر دوست پسر" آندره آ".
وای! می دانید چه شد؟ کل داستان تغییر کرده بود و شخصیت های جدیدی ساخته شده بود و دیالوگ ها عوض شده بود و خلاصه تمام حس زیبای آن فیلم که در آن شب زمستانی خاطره انگیز شده بود

برای ما به شکل فاجعه آمیزی تحریف شد.

مدت ها بود که پای فیلم های تلویزیون نمی نشستم به همین خاطر. اما ظاهرا کار درستی می کردم. برخی از دست اندرکاران نه سینما می فهمند و نه هنر و نه حتی .....

چرا روزنا؟

* پنج شنبه ۲۶ ژانویه ۲۰۰۶ - **در روزنامه اعتماد ملی**

« واقعیت‌های دنیای امروز ثابت کرده است که به هیچ عنوان نمی‌توان در مقابل رسوخ اخبار و اطلاعات به بدنه جامعه سد ایجاد کرد و حتی کنترل‌های سختگیرانه نیز نتیجه‌ای درپی نداشته است. جامعه، تشنه اطلاعات است و اگر از کانال‌های مرئی به آن دست نیابد برای رفع عطش خود به ریسمان‌های نامرئی چنگ خواهد زد....»

یادداشت «چرا روزنا؟» را روزچهارشنبه در روزنامه اعتماد ملی منتشر کردم. تقریبا اهداف کلی راه اندازی سایت آنلاین روزنا را تشریح کردم. به آن چه نوشتم اعتقاد دارم و سعی می کنم عملی اش سازم. بهر حال هنوز مشکلاتی در سایت هست در حال شناسایی و رفع اش هستم. دوست دارم با کامل شدن اش همه آنچه در ذهن دارم را پیاده کنم. کار

آنلاین فقط یک چیز می خواهد و آن هم عشق است و عشق. وگرنه چرا شب بیداری و سختی و هزار حرف و حدیث دیگر...
متن کامل یادداشت:

درباره روزنا :

از روز دوشنبه (۳بهمن، عضو جدیدی از خانواده «اعتماد ملی »سر برمی آورد که رسالتی را برعهده گرفته است و این رسالت چیزی نیست جز اطلاع‌رسانی. حق دسترسی آزاد شهروندان به اطلاعات و اخبار در جهان امروز از پایه‌های اصلی دموکراسی است. معاهدات و کنوانسیون‌های مهمی در حقوق بین‌الملل تدوین و تصویب شده تا از این حق در برابر تهدیدها پاسداری کند و کشورهای مختلف نیز براساس میزان درجه اهمیتی که برای آزادی بیان، قائل هستند جدا از امضا و پیوستن به این معاهدات، لوازم و فضای تحقق آن را برآورده می کنند.

واقعیت‌های دنیای امروز ثابت کرده است که به هیچ عنوان نمی توان در مقابل رسوخ اخبار و اطلاعات به بدنه جامعه سد ایجاد کرد و حتی کنترل‌های سختگیرانه نیز نتیجه‌ای درپی نداشته است. جامعه، تشنه اطلاعات است و اگر از کانال‌های مرئی به آن دست نیابد برای رفع عطش خود به ریسمان‌های نامرئی چنگ خواهد زد.

از سوی دیگر رسانه‌ها نیز در دنیای جدید نقشی غیرقابل انکار حتی در سفید جلوه دادن سیاهی ها دارند و قدرت نفوذشان به قدری است که نه مرز می شناسند و نه چارچوب. حال در این دنیای پرهیاهو و بی رحم چگونه می توان رسانه‌ای قدرتمند و با آستانه نفوذ قابل اطمینان داشت؟

در حالی که امروز دنیای ماهواره و دیش و تلویزیون، حرف اول را می زنند و اینترنت و دنیای مجازی نیز جای خود را در ایران بازکرده است. هرچند از ورود اینترنت به ایران یک دهه می گذرد، اما افزایش صعودی کاربران اینترنتی واقعیتی به نام دنیای مجازی را تحمیل کرده است.

از سوی دیگر به لحاظ هزینه و کارکرد، اینترنت کم‌هزینه‌تر از ابزاری مانند ماهواره است، هرچند مخاطبان هرکدام بخش خاصی هستند. دراین مسیر مدتهاست که در جهان روزنامه‌های الکترونیکی در کنار روزنامه‌های مکتوب فعالیت‌خود را آغاز کرده و اهمیت تغذیه را بیش از پیش نشان می دهند. هرچند رسانه مکتوب و رسانه اینترنتی هرکدام مخاطبان خود را دارند، اما نیاز آنی بخش اینترنت، این محور را اساسی تر می کند که دیگر نباید به ابزار مکتوب اکتفا کرد.

اینترنت در همه دنیا و به خصوص در ایران یک فرصت استثنایی بوده و هست و می‌تواند راهگشا هم باشد. اینترنت در دنیایی که بخشی از آن مواهب توسعه را می چشند و بخش دیگر حسرتش را می خورند، مرزها را شکسته و فرصت‌ها را برابر می کند. حال بهره‌برداری از این فرصت‌های برابر، راز دیگری است که رازدار می خواهد. روند روبه رشد دنیا و برداشته شدن هر روزه مرزهای انتزاعی درنشریات الکترونیکی آنلاین و یا وبلاگ‌های شخصی یا گروهی آنلاین تبلور یافته است. فضای فعالیت‌آنلاین در دنیای مجازی اینترنت، ناشی از دو مهم است؛ یکی دنیای پر تب و تاب و پرخبر امروز ما و دیگری عطش مخاطبان و دغدغه فعالان این بخش برای سیراب کردن این عطش .

اما چرا «اعتماد ملی» قدم در این راه نهاده است؟
پس از آنکه حزب «اعتماد ملی» توسط موسسان آن اعلام موجودیت کرد و با رهبری مهدی کروبی قدم در فضای سیاسی کشور با هویتی جدید گذاشت، چندین دغدغه مطرح شد؛ یک دغدغه فعالیت تشکیلاتی

بود و دغدغه مهمتر، ایجاد کانال‌های ارتباطی قوی و محکم با بدنه‌ای که ریشه‌های یک فعالیت تشکیلاتی خواهد بود. از سوی دیگر، داشتن رسانه برای رساندن پیام به افکار عمومی و جامعه برای تشکلی که اهداف مشخص و مدام نامه و اساسنامه تدوین شده دارد، از حساس‌ترین نیازهاست. برهمین اساس خانواده رسانه‌ای «اعتماد ملی»شکل‌گیری خود را آغاز کرد. از یک سو تلویزیون ماهواره‌ای «صبا» با حمایت شخص مهدی کروبی و خوب تا مرحله راه‌اندازی پیش‌رفت و از سوی دیگر روزنامه «اعتماد ملی »به عنوان ارگان روزانه و مکتوب مسیرش را آغاز کرد. درکنار این دو بازو که اولی به دلایلی راه‌اندازی اش به تعویق افتاد،توجه ویژه به ابزارهای دیگر رسانه‌ای مانند سایت اینترنتی حزب و سایت خبری تحلیلی آنلاین «اعتماد ملی» با عنوان «روزنا» نیز در اولویت قرارگرفت. سایت آنلاین به نوعی زیر مجموعه روزنامه « اعتماد ملی» و بخشی از خانواده «حزب اعتماد ملی» خواهد بود. عضوی که بیش از آنکه در چارچوب حزبی فعالیت کند در چارچوب حرفه‌ای (رسانه‌ای) فعالیت خواهد کرد. حزب، سایت اختصاصی خود را دارد و روزنامه نیز محتویات مکتوب خود را برای دسترسی کاربران اینترنتی در سایتی مجزا قرار خواهد داد، اما کار لحظه به لحظه خبری و تحلیلی به سبک سایت‌های آنلاین جهان در بخش «روزنا» انجام خواهد شد.

برای تحقق چنین کاری اهدافی را نیز برای خود برشمرده‌ایم که در چارچوب‌های قانونی آن را به سر منزل مقصود خواهیم رساند. سایت خبری تحلیلی «روزنا» به مانند دیگر ابزار رسانه‌ای، اولویت اول خود را تحکیم مقوله «گردش آزاد اطلاعات »قرارخواهد داد و برای این منظور تنها روح قانون اساسی و منافع ملی را خط قرمز خود می داند. سایت خبری ـ تحلیلی «روزنا» جدا از پوشش لحظه به لحظه رویدادهای داخلی و خارجی، تحلیل و تفسیر کارشناسان و صاحبنظران را نیز برای مخاطبان خود ارائه خواهد کرد.

سایت خبری ـ تحلیلی « روزنا» جدا از تولیدات خود به منابع خبری دیگر به لحاظ اخلاق رسانه‌ای وفادار خواهد بود و این توقع را از دیگر رسانه‌ها نیز دارد. سایت خبری ـ تحلیلی «روزنا» این امکان را نیز به وجود خواهد آورد تا جریان‌ها و دیدگاه‌های مختلف در این نشریه الکترونیکی، فضای طرح نظرهای خود را داشته باشند. زیرا معتقدیم تعامل و گفت‌وگو عامل پویایی و استحکام است. سایت خبری ـ تحلیلی «روزنا» درکنار اهداف خود سعی دارد با ویژگی هایی،حداکثر نیاز مخاطبان خود را نیز برآورده سازد. تجربه ثابت کرده است که بلند نویسی و تفصیل گویی در رسانه‌هایی چون اینترنت، ناکارآمد بوده و کار اینترنتی هرگز فرصتی برای مطالعه، مطالب بلند اختصاص نخواهد داد. از این رو سعی خواهد شد به جز این یادداشت آغازین که اندکی به درازا کشید، دیگر مطالب سایت، حتی الامکان کوتاه وگزیده باشد تا مخاطب اینترنتی با حداقل زمان به مغز خواست خود برسد.

از سوی دیگر از جمله اشکال‌هایی که در فعالیت‌های اینترنتی در داخل ایران به عادت تبدیل شده است، محدودیت‌های زمانی پوشش خبری است. به تعبیری در ایران رسانه‌های موجود فعالیت مفیدشان ، ۷ الی ۸ ساعت در روز است و عملا نیز روزهای پنجشنبه و بخشی از جمعه نیز در تعطیلی خبری به سر می برند. سایت خبری ـ تحلیلی « روزنا» تلاش دارد تا این محدودیت‌های زمانی خود ساخته را شکسته و در اطلاع‌رسانی خبری پیشگام باشند. فراموش نکنید دنیای امروز با ساز ما نمی رقصد؛ وقتی ما در خواب بسر می بریم آنها در اوج فعالیت‌های روزنامه خود هستند و یا روزی که ما تعطیلیم دنیا در جنب و جوش و فعالیت است. با همین رویکرد، «روزنا»سعی دارد، این قضیه رسانه‌ای را تا جایی که توان دارد، پوشش دهد. با تمام این تفاصیل، امید به همراهی صاحبنظران و دلسوزان، تنها پشتوانه‌های ما در این مسیر خواهد بود.

چرا اعدام؟

* دو شنبه ۶ نوامبر ۲۰۰۶

صدور حکم اعدام برای صدام حسین از دیروز در راس خبر رسانه های دنیا قرار گرفته است. در این بین نیز اظهار نظرهای متفاوتی مطرح شده است. به نظر می رسد در واکنش به این واقعه باید چند نکته را در نظر گرفت.

مخالفان اعدام صدام:
در این جمع دو گروه قرار دارند. اول طرفداران صدام که بطور طبیعی مخالف اعدام او هستند و دوم مخالفان حکم اعدام که به طور کلی با هر اعدامی مخالف اند.

در این جاست که باید با شفافیت مرز بندی داشت. از دید من می توان در شرایط کنونی نیز با اعدام مخالفت کرد اما باید بیش از هر زمان دیگری میدان را برای آنانی باز گذاشت که از قساوت های صدام صدمه دیده اند. اگر کسی هم حق بخشش داشته باشد همان افراد هستند. هر سازمان یا گروه یا دولتی می تواند نظر خود را ابراز کند اما واقعا آیا می توان خود را به جای کسی که فرزندش، پدرش ، شوهرش و یا هر عزیز دیگرش را تحت لوای احکام حاکمی از دست داده، نشست و بخشید؟ البته گذشت از خون عزیز یک اختیار است و بس.

موافقان اعدام صدام:
این گروه طیف بیشتری را در خود جای می دهد. اصولا هر انسانی از کیفر شدن ظالم خشنود می شود اما در ماجرای صدام خونریزی های بی حد او مرزها را در نوردیده است. به گونه ای که هم بخش وسیعی از ملت عراق و هم ایران را دربرمی گیرد.

اما من یک امای بزرگ در ذهن دارم. چرا باید تاوان دیکتاتوری و خونریزی «صدام ها» فقط اعدام باشد؟ چرا آن همه جنایت علیه بشریت این حکم را دارد؟

زمانی که صدام را نیروهای ائتلاف در عراق دستگیر کردند در یادداشتی نوشتم بهترین مجازات برای صدام فقط «تحقیر» باید باشد. آیا مرگ یا ترور یا اعدام جنایت کاران ریشه جنایت را خواهد خشکاند یا حس انتقام را ارضاء خواهد کرد؟ اگر اینگونه بود که باید خیلی پیشترها ظلم ریشه کن می شد....

صدام را در سیاه چالی تاریک تا آخر عمر زندانی کنید تا همه او را پشت میله های «زندان تحقیر» نظاره کنند. حتی حاکمان و ظالمان دیگر که

روزی باید تاوان جنایات خود را بدهند. کسی که می کشد را نباید کشت ، اما آیا کسی را که زندان می کند باید زندان کرد؟ کسی را که شکنجه می کند را چه باید کرد؟ ....

آرایش نیروهای سیاسی

* دوشنبه ۴ دسامبر ۲۰۰۶ – به نقل از روزآنلاین

آنچه بیش از هر چیز می تواند در تحلیل شرایط ایران به تحلیلگران (مسایل ایران) کمک کند، داشتن تصویری نزدیک به واقعیت از آرایش نیروهای سیاسی داخل ایران است. تصویری که در خارج از ایران به نظر غیر واقعی می آید. آنچه از ایران در دنیا و بخصوص در بین علاقمندان مسایل آن مشاهده می شود یا سراسر سیاه است و یا تماما سفید.

برای تحلیل مسایل ایران باید سعی کرد تصویری خاکستری از ایران و نیروهای فعال در درونش داشت. برای ارائه چنین تصویری ابتدا باید نیروهای داخلی را به سه طیف تقسیم کرد:

۱- محافظه کاران (حافظان وضع موجود) ۲- اصلاح طلبان (بهبود خواهان) ۳- انقلابیون (طرفداران تغییر ساختار از راه انقلاب) برای

هر کدام از این طیف ها نیز می توان مشخصات و خصوصیت هایی را برشمرد.

۱- محافظه کاران

همانگونه که از نامشان پیداست، طیفی از نیروهای سیاسی هستند که خواستار حفظ وضع موجود ساختار سیاسی حقوقی هستند. این طیف ذاتا با هر چیز نو به مخالفت بر می خیزند و واکنش نشان می دهند. این نیروها در سال های اخیر تغییر نام داده اند و نام اصولگرایان را برای خود برگزیده اند. این طیف را نیز می توان به چند بخش تقسیم کرد.

۱-۱ محافظه کاران سنتی:

این بخش معتقد به اسلام ناب هستند و در آرمان خود در پی تحقق هرچه زودتر حکومت اسلامی (به سبک ۱۴۰۰ سال پیش) هستند. این بخش در مقابل هر تغییر و نوآوری، به نام دین و شرع مقدس، به مخالفت برمی خیزند و بخشی از جامعه مذهبی ایران را به دنبال خود دارند. این بخش به هیچ وجه با قواعد جهانی و معیارهای جهانشمولی چون حقوق بشر به دلیل برخی تضادها با احکام اسلام، سازگاری نداشته و حاضر به هیچ انعطافی نیستند.(احمدی نژاد، مصباح یزدی و بخشی از نیروهای نظامی در این بخش قرار می گیرند.)

۱-۲ محافظه کاران نوگرا:

این بخش نیز از طرفداران اسلام ناب هستند ولی برای حفظ جمهوری اسلامی و تقویت اسلامیت ساختار نظام می کوشند. این محافظه کاران با وجود اعتقاد و ایمان به حکومت اسلامی، در شرایط کنونی کارآمدی

سیستم را اولویت می دانند و معتقدند مدل کنونی جمهوری اسلامی، کامل بوده و باید بدون هیچ تغییری حفظ شود. البته در این بخش در سال های اخیر جریان های نوگرایی نیز سربرآورده که خواستار انعطاف بیشتر برای کارآمدتر کردن سیستم کنونی هستند. اما همه جریان های شامل این بخش نیز هرگونه تغییر سیستم کنونی را بر نمی تابند و خواهان حفظ وضعیت موجودند.(حامیان قالیباف، بخشی از روزنامه نگاران اصولگرا و بخشی از نیروهای نظامی شامل این بخش هستند.)

۲- اصلاح طلبان

در فاصله بین محافظه کاران و انقلابیون، اصلاح طلبان قرار دارند که طیفی گسترده و دارای تفکراتی متفاوت هستند. این طیف در یک موضوع اشتراک نظر دارند و آن انتخاب راهبرد اصلاح طلبی است. وگرنه اصلاح طلبی این طیف نیز تفاوت ها و تضادهایی را داراست. اصلاح طلبان در یک تصویر کلی به دو جریان تقسیم می شوند: اصلاح طلبان جمهوری اسلامی خواه و اصلاح طلبان دموکراسی خواه. که برای هرکدام از این دسته بندی ها نیز می توان جریان هایی را متمایز کرد.

۲-۱ اصلاح طلبان جمهوری اسلامی خواه:

این طیف نیروهایی را شامل می شود که اصلاح طلبی را به عنوان راهبرد خود برگزیده اند اما تنها برای بهبود سیستم جمهوری اسلامی. به تعبیری این طیف معتقدند جمهوری اسلامی بهترین مدل حکومت است اما باید با تحول و اصلاح برخی روش ها و قوانین، جمهوری اسلامی واقعی را تحقق بخشید. این طیف بیشتر به دنبال مشروطه کردن سیستم سیاسی کشور هستند و سیاست ورزی در هر شرایطی، از جمله پایه های فعالیت شان است. این طیف معتقدند که باید با تسخیر نهادهای انتخابی و گسترش آنها و تغییر قوانین غیر دموکراتیک، بین

جمهوری اسلامی و مبانی دموکراسی و حقوق بشر سازگاری ایجاد کرد. این طیف با وجود آزمودن این مسیر در هشت سال گذشته، همچنان بر تکرار تجربه پیشین اصرار دارند. این طیف را نیز می توان به جریان های زیر تقسیم کرد.

۲-۱-۱ دموکرات ها:

دموکرات ها در اهداف و روش های خود تحقق دموکراسی را در اولویت قرار داده اند. در عرصه اقتصاد و اجتماع پایبند به مبانی سوسیالیسم هستند و برای حقوق بشر احترام قایل هستند. البته همه اینها را تا جایی تجویز و عمل می کنند که به چارچوب فعلی(جمهوری اسلامی) صدمه نزند و هر جا چنین تضاد یا رویارویی حادث شد، به نفع جمهوری اسلامی از کنارش می گذرند.(سازمان مجاهدین انقلاب اسلامی، جبهه مشارکت، اعتمادملی و بخش هایی از نیروهای ملی و مذهبی شامل این بخش هستند.)

۲-۱-۲ لیبرال ها:

لیبرال ها در اهداف و روش های خود، تحقق لیبرالیسم را در اولویت قرار داده اند و در عرصه اقتصاد طرفدار اقتصاد آزاد، در اجتماع هوادار آزادی های بیشتر و در سیاست، دموکراسی را تجویز می کنند.این طیف نیز برای حقوق بشر احترام قایل هستند و در چارچوب آزادی های شرعی از آن طرفداری می کنند و البته در چالش های احتمالی نیز از چارچوب نظام جمهوری اسلامی خارج نمی شوند. (کارگزاران سازندگی، نهضت آزادی و برخی جریان های همسو شامل این توصیفات می شوند.)

۲-۲ اصلاح طلبان دموکراسی خواه:

این طیف نیز گستردگی فراوانی را شامل می شود و تفاوتش با اصلاح طلبان جمهوری اسلامی خواه در این است که ضمن اتخاذ روش اصلاح طلبانه، هدفشان تحقق دموکراسی بدون هیچ قید و بندی است. این طیف در مقطعی از سال های اخیر با جریان جمهوری اسلامی خواه اصلاح طلب، هم جهت بود اما در بحران های مختلف از آن طیف جدا شد و در چالش های روی داده بین جمهوری اسلامی و دموکراسی، طرف دموکراسی را گرفت. این طیف بخش وسیعی از نیروهای دموکرات در ایران را شامل می شود که در سال های اخیر تلاش خود را بر فعالیت های حقوق بشری متمرکز کرده اند. این نیروها علی رغم دشواری پیگیری حقوق بشر در داخل به لحاظ عملی و نظری فعال بوده اند.

البته در این طیف نیز همان تقسیم بندی- دموکرات ها و لیبرال ها- وجود دارد اما با این تفاوت که این بخش از نیروها همواره در تضادهای روی داده، به طرف دموکراسی و حقوق بشر رفته اند.

۳- انقلابیون

این طیف نیز بخشی از نیروهای غیرفعال در داخل کشور را شامل می شود. این نیروها از ابتدا با روی کارآمدن جمهوری اسلامی مخالف بودند و انقلاب علیه سیستم برآمده از انقلاب۱۳۵۷ را تجویز می کردند. البته در سال های اخیر، تحولات ایران، سبب شد که بخشی از این نیروها ریزش کرده و در دایره اصلاح طلبان دموکراسی خواه قرار گیرند.

آنچه در این مقاله ارائه شد می تواند چارچوب تصویر روشن تری از آرایش نیروهای سیاسی در داخل ایران باشد که در شرایط کنونی وجود دارد.

رابطه خربزه با اصلاح طلبی!

* دو شنبه ۱۸ دسامبر۲۰۰۶ - به نقل از روزآنلاین

سخنان چند روز پیش محمد رضا باهنر در دانشگاه شیراز بهانه ای شد برای نوشتن این مطلب. این عضو سرشناس جریان اصولگرا در پاسخ به دانشجویی به طعنه گفت: "هر که خربزه می خورد باید پای لرزش هم بیاستد." این جمله واکنش باهنر به پرسش کننده ای بود که پشت تریبون گفته بود: "ما همین الان که در پشت تریبون قرار گرفتیم برای طرح پرسش خود نگران این هستیم که از فردا به انواع و اقسام فشار برای محرومیت و تعلیق و ... مواجه نشویم." (نقل به مضمون)

اینکه چرا این عضو اصولگرای مجلس شورای اسلامی به مانند شهردار سابق (احمدی نژاد) زبان طعنه را برمی گزیند بماند برای بعد. اما این جمله گویای واقعیات بسیاری هم هست.

۱ – در ایران آزادی بیان وجود دارد اما این آزادی مانند خربزه خوردن است و تاوان در پی دارد. یعنی اصولگرایان هم معترفند که آزادی پس از بیانی وجود ندارد.

۲- در ایران مقوله پرسشگری و پاسخگویی بیشتر غیر جدی تلقی می شود و برای نشات روح هر از چند گاهی از سوی یکی از سکانداران مطرح و جهت تفریح برخی را به خربزه خوردن وا می دارد.

۳- همه مقولات و مباحث که حتی از چند کیلومتری «بعضی چیزها» هم بگذرد مصداق خربزه است و باید لرزش را هم کشید.
اما بد نیست از این گفته ها برای پیشبرد اصلاحات هم سود برد. کاش همه اصلاح طلبان اهل خربزه خوردن بودند. در طول این سال ها دقیقا همین مقوله که از سوی یک اصولگرا روی آن دست گذاشته شده است از نقاط ضعف اصلاح طلبان بود. اصلاح طلبان کمتر حاضر بودند به چیزهایی از جنس خربزه بیاندیشند. شاید اگر با همین منطق پیش می رفتند کسان دیگری که امروز از خربزه و لرزش می گویند باید بابت اعمالشان در نقض حقوق ملت به فکر لرزش بعد از خربزه خوری می افتادند.

اما چند یاد آوری از غفلت های دو جریان:

محافظه کاران (اصولگرایان)

زیر سوال بردن آزادی بیان
زیر سوال بردن انتخاب های مردم
زیر سوال بردن آزادی احزاب
زیر سوال بردن آزادی نشر
زیر سوال بردن آزادی مطبوعات

زیر سوال بردن استقلال دانشگاه ها
زیر سوال بردن استقلال نویسندگان و روزنامه نگاران
زیر سوال بردن جمهوریت
.....

اصلاح طلبان

عدم مقاومت در مقابل محدودیت آزادی بیان
عدم مقاومت در مقابل زیر سوال رفتن آزادی انتخاب کردن و انتخاب شدن
عدم مقاومت در مقابل محدودیت برای فعالیت های احزاب
عدم مقاومت در مقابل سانسور شدید در عرصه نشر
عدم مقاومت در مقابل خنثی سازی رسانه های مستقل
سکوت در مقابل فشار های محدود کننده در عرصه دانشگاه ها
عدم مقاومت برای استیفای حقوق خوده اصلاح طلبان چه رسد به استیفای حقوق مردم

می توان به این فهرست موارد دیگری را هم اضافه کرد. اما منظور صاحب این قلم این است که با توجه به سخن محمدرضا باهنر برای پیشرفت در اصلاحات باید هم خریزه خورد و هم پای لرزش ایستاد. آیا تا کنون چنین کرده ایم؟ آیا برای اصولگرایان لرزشی را ایجاد کردیم؟

شبی با اعدام صدام

* شنبه ۳۰ دسامبر ۲۰۰۶

امشب پای تلویزیون نشستم و از شبکه های سی ان ان و فاکس نیوز اخبار اعدام ناگهانی صدام را پیگیری کردم. تصاویر و لحظات تلخ و شیرینی بود. تلخی اش حسی بود که در من وجود داشت و از مرگ یک انسان غمگین بودم اما هر لحظه این فکر به ذهنم می آمد به یاد کسانی می افتادم که در دوران خودکامگی صدام به جوخه های اعدام سپرده شدند و شکنجه ها دیدند. آن مادران و پدرانی را بیاد آوردم که در غم عزیزانشان ماتم داشتند. تصاویر هر چند صحنه اعدام صدام نبود اما بخش هایی از دادگاه او و صحنه هایی از دوران قدرتمندی اش بود.

چقدر تحقیر امیز بود دیدن همزمان غرور این دیکتاتور در کنار

لرزش هایش در دادگاه. خنده های از سر غرورش و نگاه خشمگین اش در استیصال دادگاه.

صدام هم مرد. او عاشق قهرمان بودن بود. به خیال قهرمان مرد اما صدام به تاریخ و صفحات سیاهش پیوست. هر چقدر سعی می کنم از مرگش خوشحال باشم نمی توانم. آخر مرگ یک دیکتاتور که چاره کار نیست. صدام هم مرد و اما دیکتاتوری همچنان پا بر جاست. یک شب قبل تر برای شام میهمان دوستی عراقی بودم که با خانواده و دو فرزند کوچکش چند ماهی هست که در امریکا زندگی می کند. وقتی از منزلش بر می گشتم پرسیدم آیا از مردن صدام خوشحال می شوی؟ گفت برای آنانی که عزیزانشان را با قساوت های این مرد از دست دادند خوشحال می شوم.

من پس از پاسخ این دوست سکوت کردم و باخود گفتم واقعا ما چه حقی داریم تا برای دیگران که صاحب حق اند تعیین تکلیف کنیم. امشب همه آنانی که در دوران حکومت صدام حسین ظلمی دیدند شاید امروز خوشحال ترین باشند و چه کسانی صاحب حق تر از آنان برای خوشحالی...... این خبرها را هم بخوانید. خواندنی هستند:

«آخرین لحظات عمر صدام چگونه گذشت؟ ... پیش از خواندن حکم دادگاه، کلاه او را از سر برداشتند و از صدام پرسیدند اگر می خواهد چیزی بگوید، حالا وقت آن است و صدام در جواب گفت: «حرفی برای گفتن ندارم.» صدام به همراه روحانی سنی که آن جا بوده دعا می کند و سپس بلند می گوید: «الله اکبر. ملت ما پیروز است و فلسطین از آن اعراب است.»

«واکنش های موافقان و مخالفان اعدام صدام حسین ... یکی از مسئولان عراقی شاهد مراسم اعدام صدام حسین در بامداد روز ۰۳ دسامبر، ۹ دی ماه بود به خبرگزاری رویترز گفت: «خیلی سریع اتفاق افتاد. صدام بلافاصله مرد.» این شاهد همچنین گفت با این که صدام دستبند بر دست داشت اما چهره اش پوشیده نشده بود و او آرام به نظر می رسید. زمانی که ماموران صدام را به سوی چوبه دار می بردند و طناب را به گردنش می انداختند او تنها شهادتین را ذکر کرد.»

روپای کنترل بر وبلاگ ها

هراس از آگاهی چه ها که نمی کند!

*چهار شنبه ۳ ژانویه ۲۰۰۷

داستان تجاوز و تحدید عرصه گردش آزاد اطلاعات در ایران پایانی ندارد. انگارهمه مشکلات این مملکت حل شده و تنها معضل باقی مانده به زعم آقایان دنیای مجازی و کوتاه ترین دیوارش یعنی وبلاگ ها شده است. البته وقتی شهردار سابق تهران (احمدی نژاد) برای حل مشکلات دنیا هر روز یک نسخه می پیچد و هر روز ایران را بیشتر به سمت تهدید و خطر هدایت می کند چنین اعمالی (تحدید عرصه دنیای مجازی) نیز از همفکرانش بعید نیست. اما در مورد اقدام اخیر باید چند نکته را یادآوری کرد.

۱-هر چند در تنظیم این آیین نامه سعی شده است ژست تخصصی

گرفته شود اما صاحب نظران این عرصه معتقدند این آیین نامه غیر واقعی تر و غیر عملی تر از آنست که خوشبین باشند اجرا شود.

۲-هر چند در این آیین نامه سعی شده است به اصطلاح قانونی عمل شود اما این آیین نامه کاملا غیرقانونی است و با موارد بسیاری از قوانین ایران (اگر هم نخواهیم بگوییم قوانین بین المللی) و حتی با اصول قانون اساسی منافات دارد. البته با یکدستی موجود هر چند اگر این آیین نامه قرار بود تبدیل به قانون هم شود با پروسه موجود در ایران علی رغم غیرقانونی بودن تصویب می شد.

۳-**روح حاکم بر این آیین نامه و قوانین مشابه ناشی از یک نگاه مسموم به عرصه گردش آزاد اطلاعات است.** نگاهی که از آزادی اطلاع رسانی سخت در هراس است. هر چند با همین نگاه هم تحدید اکثریت وبلاگ نویسانی که این عرصه را حوزه خصوصی خود نگاه داشته اند تهدید صریح حقوق شهروندی آنان است.

۴-**جامعه ایران به مانند هر جامعه درحال توسعه دیگری تشنه اطلاعات است.** نشر اطلاعات هم لازمه بالا رفتن سطح آگاهی یک جامعه است. اگر یک جامعه نسبت به کانال های کسب اطلاع رسمی حکومت بی اعتماد شود – که در حال حاضر شده است – برای رفع تشنگی خود به سوی کانال های دیگر می رود. **روند چند سال اخیر نمونه بارز این تغییر مرجعیت است.** سانسور شدید در عرصه رسانه ای داخل و عدم تحمل رسانه های اندکی مسقل تر از حکومت گوش ها را به سمت رادیو ها و رسانه های خارجی هدایت کرده است.

۵-**گسترش وبلاگ ها و سایت های خبری در سال های اخیر ناشی از تحدیدهای علنی و غیرقانونی و شبه قانونی عرصه**

اطلاع رسانی بود. همانگونه که ترفندهای پیشین در عمل نتوانست مسیر اطلاع رسانی را مسدود کند اقدام اخیر نیز به تعبیری تازیانه بر باد است.

۶- **اقدام اخیر تنها حاصلش زیر زمینی تر شدن عرصه اطلاع رسانی است.** البته اگر وبلاگ ها را در این عرصه تعریف کنیم که بخشی هر چند اندک را می توانیم در این دایره قرار دهیم. **حتی در دورانی که تکنولوژی دنیا را بدون مرز نکرده بود نیز حاصل سانسور، گسترش شبنامه بود** چه رسد در دنیای کنونی که در یک لحظه یک فرد می تواند در چندین نقطه از دنیا باشد.

۷- وبلاگ های فارسی زبان برای ایران یک سرمایه اند و باید دولتمردان به آنها افتخار کنند نه اینکه هر چه برچسب وجود دارد را نثار فعالان این عرصه کنند.

۸-**عاقبت حاکمیت تفکر امنیتی و توطئه محور در عرصه فرهنگ همین خواهد بود.** یکی از براندازی نرم در فضای وبلاگ ها می گوید و دیگری از گسترش فساد و فحشا و... در این عرصه می نالد و جالب است یکی هم نام معاونتی را در وزارتخانه ای به معاونت وبلاگی تبدیل می کند. البته از جنبه ای این موارد می تواند برای وبلاگ نویسان با اهمیت هم باشد که وبلاگستان جدی تر از آنی است که پیشتر فکر می کردند....

۹- چرا آقایانی که شب روز خواب ندارند تا هر چه زودتر به خیال خود دنیای مجازی را در کنترل خود درآورند یکبار هم که شده به این نمی اندیشند که چرا اصولا عرصه ای چون وبلاگ این چنین مورد توجه اقشار مختلف قرار گرفته است؟ **چرا محتوای وبلاگ ها را آیینه ای**

از جامعه نمی پندارند (که واقعیتی انکار ناپذیر است) و به فکر حل ریشه ای مشکلات دیگری که می توان از وبلاگ ها بخش هایی از آن را استشمام کرد نمی پردازند؟ البته پاسخ اش را خودم می دانم برادران محترم اصلا اعتقادی به این مسایل ندارند. برادران از آگاهی در هراسند و برای شبان بودن خود ، رمه می خواهند.

بهر حال این داستان داستان تازه ای نیست و پایانی هم نخواهد داشت اما باید به این موضع هم اشاره کرد که در این مسیر هم ناکام خواهند بود.مگر در داستان فیلترینگ توفیقی داشتند که با چنین ترفندهایی به اهداف اشتباه خود برسند؟! آینده یک بار دیگر واقعیاتی را به آنها گوشزد خواهد کرد. امیدوارم زیاد دیر نشده باشد....

چرا پس از ۴۰ روز، خبر بازداشت یک روزنامه نگار منتشر می شود؟

* یکشنبه ۷ ژانویه ۲۰۰۷

در خبرها خواندم که انجمن صنفی روزنامه نگاران ایران خواستار مشخص شدن وضعیت یکی از روزنامه نگاران عضو این انجمن ، علی فرح بخش شده است. شمس الواعظین در این مصاحبه ضمن اعلام خبر یادآور شده است که این روزنامه نگار ۴۰ روز پیش و در پی بازگشت از سفری در فرودگاه توسط نیروهای امنیتی بازداشت شده است.

اما نکته ای که برای من قابل فهم نیست این موضوع است که چرا پس از ۴۰ روز خبرش منتشر می شود. اگر انجمن تازه خبردار شده که یک بحث است اما اگر اطلاع داشته و اعلام نکرده کار بسیار اشتباهی کرده است. البته در چنین مواردی نیروهای دستگیر کننده در تماس با خانواده ها از آنها می خواهند که «خبر را منتشر نکنید و فقط چند پرسش داریم که زود ازاد خواهد شد.» اما این ترفند ناجوانمردانه

تنها برای اسودگی خود برای اعمال روش های غیر انسانی است. ۴۰ روز یک فرد را بازداشت کرده اند و تازه این خبر منتشر می شود. این فاجعه است و معلوم نیست در این ۴۰ روز چه اتفاقاتی بدور از چشم رسانه ها افتاده است. حتما فردا هم در توضیح بازداشت این روزنامه نگار انواع اقسام اتهام را که حاصل همان چند پرسش است! اعلام خواهند کرد و هر که از او سخنی بگوید را جوساز علیه نظام نام خواهند نهاد.

من در تعجبم از کسانی که در مسکوت ماندن چنین اخباری همراهی می کنند. چه خانواده ها، چه دوستان و چه همکاران و... داستان مشخص است دوباره سفر و کنفرانس خارجی روزنامه نگاران می شود پیراهن عثمان برای کشف انقلابات رنگین و غیره.... من این همکار در بند را نمی شناسم اما می دانم و حس می کنم او در این دوران ۴۰ روزه چه کشیده است و چه ها به او گفته اند و چه ها بر سرش آورده اند و....

متن *اخبار* منتشر شده :

ایسنا: ابراز نگرانی نایب‌رییس انجمن صنفی روزنامه‌نگاران از وضعیت یک عضو این انجمن مدیر کل زندان‌های استان تهران: فرح‌بخش در زندان است

نایب‌رییس انجمن صنفی روزنامه‌نگاران ایران از وضعیت یکی از اعضای این انجمن که به گفته وی بر اساس اخبار رسیده در بازداشت به سر میبرد، اظهار نگرانی کرد. ماشاءالله شمس‌الواعظین در گفت‌وگو با خبرنگار ایسنا گفت: بنا بر گزارش‌های رسیده به انجمن صنفی روزنامه‌نگاران علی فرح‌بخش، روزنامه‌نگار و عضو انجمن صنفی چهل روز قبل و هنگام بازگشت از یک کنفرانس بازداشت شده و خانواده‌ی

ایشان و انجمن صنفی تا کنون از وضعیت نامبرده اطلاع درستی ندارند. وی افزود: انجمن صنفی روزنامه‌نگاران در مورد این روزنامه‌نگار و سایر روزنامه‌نگارانی که به این شکل و روش‌ها بازداشت میشوند ابراز نگرانی میکند و از مقامات مسوول میخواهد نسبت به اعلام رسمی اتهامات انتسابی به وی اقدام فوری و عاجل کنند. نایب رییس انجمن صنفی روزنامه‌نگاران خاطرنشان کرد: مطابق گزارش‌های رسیده نامبرده در بازداشت به سر میبرده است. وی در پایان گفت: انجمن صنفی روزنامه‌نگاران بارها از مقامات ذیربط خواسته نسبت به رفتارهای خود با روزنامه‌نگاران به ویژه هنگامی که در چارچوب وظایف حرفه‌ای خود فعالیت میکنند ملاحظات قانونی را رعایت و از هر گونه اقدام مخل قانون خودداری ورزند. بر اساس این گزارش مادر علی فرحبخش نیز در گفت‌وگو با ایسنا مشخص‌شدن وضعیت فرزندش را خواستار شد. در همین حال سهراب سلیمانی، مدیرکل زندان‌های استان تهران در تماس خبرنگار ایسنا با تایید بازداشت فرح‌بخش گفت که وی هم‌اکنون در زندان به سر میبرد و حالش خوب است.

رادیوفردا: وضعیت "علی فرح‌بخش" روشن نیست ۶ ژانویه ۲۰۰۷
انجمن صنفی روزنامه‌نگاران ایران خواهان روشن شدن سریع وضعیت " علی فرح‌بخش " روزنامه‌نگار عضو انجمن صنفی روزنامه‌نگاران ایران شد. ماشاءالله شمس‌الواعظین، نایب رییس انجمن صنفی روزنامه‌نگاران ایران در گفت‌وگو با خبرنگار "ایلنا" گفت که " علی فرح‌بخش " ۴۰ روز قبل به هنگام بازگشت از یک کنفرانس آسیایی به وسیله عواملی امنیتی بازداشت شد . آقای شمس الواعظین گفت: انجمن صنفی روزنامه‌نگاران ایران نسبت به وضعیت این روزنامه‌نگار و اتهام انتصابی و علل بازداشت وی بی‌اطلاع است.وی افزود: انجمن صنفی روزنامه‌نگاران ایران بارها از مراجع قضایی و دیگر مراجع مسوول کشور خواستار احتیاط در حوزه حرفه‌ای روزنامه‌نگاران شده است.

رئیس دولتی در خدمت منافع اسرائیل

* یکشنبه ۷ ژانویه ۲۰۰۷ -به نقل از روزآنلاین

ایران در سال های اخیر داستان جالبی را شاهد بوده است؛ اظهارات رئیس دولتی در خدمت منافع اسرائیل. به هیچ عنوان طرح این موضوع برای مزاح نیست. کافی است مروری کوتاه بر همین دوران به نیمه نرسیده شهردار سابق تهران (احمدی نژاد) در قوه مجریه داشته باشید تا متوجه شوید چه کسانی بیشترین بهره و استفاده را برده اند و اصولا آیا منافع کشور ما تامین شد یا منافع کشور اسرائیل!

در طول سال های متمادی دو کشور ایران و اسرائیل همواره در یک آرمان غیر قابل تغییر با هم سرستیز داشته اند و هر از چند گاهی چنگی بر سر و روی هم می کشند. اسرائیل همواره از تهدید های ایران علیه خود می گوید و ایران نیز همواره دشمنی بالفعل و بالقوه برای همه مقاطع و اتفاقات در داخل دارد تا مشکلات را به گردن آن

بیاندازد. اسرائیل در همه این سال ها همه کار کرده است تا ایران را به انزوا بکشاند و از این سو ایران نیز همه کار می کند تا به زعم خود به اسرائیل گوشمالی بدهد.

در اتفاقات داخلی اسرائیل، سرنخ ها را در ایران می یابند و در اتفاقات داخلی ایران نیز همه چیز به موساد و صهیونیسم منتهی می شود. به تعبیری در ایران می توان به عنوان اولین پاسخ به هر پرسش یا معضلی، اسرائیل را عامل دانست، البته منظور در موارد منفی و معضلات است.

در اسرائیل هم مشکل است ملاقات یا سفر مقامی در آن یا از آن کشور صورت پذیرد و نام ایران در آن مطرح نشود. این موضع مورد جدیدی هم نیست همواره بوده است. اما...

اما در همه این سال ها و بخصوص در دوره دولت های پیشین سعی می شد تا با حربه های مختلف از کنار اسرائیل بگذرند و تلاش کنند تا با رفتار معقول تر سمبه اسرائیل را برای فشار بر دیگر کشور ها پر زور نکنند. در این روش، هم منافع کشور ایران اصل قرار می گرفت و هم با روش های مختلف به عبور از آرمان های غیر قابل تغییر! نظام هم محکوم نمی شدند.

در چنین سناریویی همواره سعی می شد تا علی رغم عدم رابطه با امریکا، با بقیه دنیا روابطی تنظیم شود تا فشار های اسرائیل را کم اثرتر کند. چون چه دوست داشته باشیم چه نداشته باشیم غربی ها با اسرائیل احساس نزدیکی بیشتری می کنند تا با ایران.

محمود احمدی نژاد در همین دوره کوتاه خدمات گرانبهای را برای اسرائیل انجام داد و به راحتی همه آنچه پیش از آن کاشته شده بود را دوباره شخم زد. وی با وارد کردن مسائلی حاشیه ای، کشور را در موقعیت آسیب پذیری قرار داد.

وی به راحتی همه مظلومیت ۴۰ ساله فلسطینیان را به مظلومیت اسرائیلی ها تبدیل کرد. (اسرائیل در حال حاضر در افکار عمومی دنیا مظلوم تلقی می شود چون در معرض "خطر" از سوی ایران قرار دارد.)

در چنین بازی مقامات ایرانی حتی از فلسطینیان نیز دو آتشه تر بوده و هستند و در بازی اسرائیل گرفتار آمده اند و هر از گاهی بدون جیره و مواجب (و شاید هم با جیره و مواجب) به منافع اسرائیلی ها خدمت می کنند.

احمدی نژاد در همان ماه اول انتصابش بازی را در جهت منافع اسرائیل آغاز کرد. آن زمان که در ظرف دو ماه دوبار اعضای شورای امنیت سازمان ملل باتفاق آرا (مانند همین قطعنامه تحریم ایران) اظهارات رئیس دولت جمهوری اسلامی ایران را محکوم کردند باید می دانستند که آن اجماع تمرینی بود برای امروز.

اما خدمات احمدی نژاد به اسرائیل را پایانی نیست. او هر روزه با لرزاندن جامعه ایران با مواضع خود به همه دنیا خدمت می کند جز ملت ایران. او با وارد کردن ماجراهای حاشیه ای نه تنها تاریخ را عوض نخواهد کرد که دستان اسرائیل را به گرمی می فشارد.

با شعار هیچ چیزی درست نخواهد شد واقعیت ها چیز دیگری هستند. فراموش نکنید به خاطر شعار های آرمانگرایانه مبارزه با دشمن (امریکا

و اسرائیل) چه بخش مهمی از ثروت های متعلق به این سرزمین را تقدیم امثال روسیه و چین کرده ایم.

ظاهرا منافع ملی نظام کنونی ایران را فقط ضدیتش با منافع دیگران توجیه می کنند که همان را هم اشتباها انجام می دهد.

وقتی کسی بازداشت می شود، چه کنیم؟

* پنج شنبه ۱۱ ژانویه ۲۰۰۷- به نقل از روزآنلاین

این یادداشت را در حالی می نویسم که برای شخص خودم این تکرار تلخ است، اما چون خبر بازداشت ها در ایران هر روزه جمعی را به غم فرو می برد و در نمونه اخیر که یکی از همکاران روزنامه‌نگار (علی فرحبخش) در بازداشت بسر می برد و با تاسف فراوان پس از ۴۰ روز خبرش منتشر شده است، برخود لازم دیدم تا با مروری بر تجربه شخصی خود نکاتی را یادآور شوم. نکاتی که هم برای دوستان این همکار و هم برای خانواده این عزیز می تواند مفید باشد.

ابتدا باید بگویم که صاحب این قلم سابقه همکاری در هیچ روزنامه ای با دوست در بند نداشته ام. این را می گویم تا برادران بازجو "دست" نگیرند

و با انتشار هر مطلبی فرد در بند را سئوال پیچ نکنند.

متاسفانه این شیوه بازداشت (در فرودگاه و در بازگشت از سفر) ناجوانمردانه ترین شکل بازداشت است و آنهم با اهالی عرصه فرهنگ. بازداشت کنندگان پس از اجرای اولیه تصمیم شان در بازداشت یک فرد اولا سعی وافری دارند تا نگذارند هیچ خبری از او منتشر شود. از این کار چند هدف دارند. ابتدا به ساکن قصدشان جلوگیری از جو اعتراض است تا در فضای سکوت خبری با خیال راحت هر سناریویی که داشته باشند اجرا کنند و انتشار هر خبری این آرامش در اجرای سناریو را بر هم می ریزد.

در مرحله بعدی فرد دستگیر شده را در خلایی اطلاعاتی قرار می دهند و مطمئنا در مورد اخیر بر این نکته بارها تاکید کرده اند که «هیچ کس پی گیر کارت نیست و اصلا کسی که به خبرنگار حوزه اقتصادی توجه نمی کند» و مثلا «بدبخت! تو همه چیزت در دست ماست. یا خودت همه چیز را می گویی یا که حالا حالا اینجا هستی تا بپوسی. دوستانت هم که نه از تو خبری دارند ونه حتی آن قدر مهم هستی که کسی پیگیر کارت باشد پس....» و گفته هایی مشابه.

خاصیت سلول انفرادی هم فرد را در خلایی قرار می دهد که به حس غریب «فراموش شدگی» دچار می کند. حسی که اولین تلنگر ناامیدی است. در تقویت چنین حسی بازجویان از هر حربه ای بهره می برند. در پی بازداشت این همکار روزنامه نگار نیز احتمالا ابتدا به او گفتند برای پاسخ به چند پرسش باید کمی صبر کند و پس از ۴۸ ساعت این چند پرسش تبدیل به زمانی بی انتها می شود. احتمالا به خانواده نامبرده هم گفته اند که فلانی چند روز دیگر آزاد خواهد شد و مشکلی نیست!! و به احتمال قریب به یقین از خانواده هم خواسته اند تا از انتشار خبر

خوداری کنند چون به نفع فلانی است!! متاسفانه خانواده ها هم در شرایطی قرار می گیرند که برای عدم اعمال فشار به عزیزشان که در بند است به این خواسته تن می دهند. اما اشتباه بزرگ از همین جا شروع می شود. چون این موضوع تنها به نفع بازجویان است و نه متهم در بند.

عدم انتشار خبر ها و پیگیری بازداشت هر فردی بخصوص در عرصه فرهنگی و سیاسی بزرگ ترین خیانت است و بیشترین جفا به فرد در بند.

متاسفانه در شرایط کنونی متهم دستش به هیچ چیز، حتی برای دفاع از اولین حقوقش بند نیست و باید تلاش همه آزاد کردن یک فرد دربند باشد و یا حداقل ایجاد فضایی که از حقوق اولیه اش بهره مند باشد. ۴۰ روز بازداشت یعنی گذراندن چندین دوره بازجویی و احتمالا پر شدن صفحات بسیاری از برگه های بازجویی از سئوالات شاخ دار و بی ربط.

اگر آن سوی میدان (یعنی بازجو و متهم) را به کناری بگذاریم چون در آن کمترین نقش را داریم در این سوی میدان مسئولیت سنگینی بر عهده داریم. ابتدا نباید یک لحظه هم اجازه دهیم تا به لحاظ خبری این موضوع یا هر موضوع مشابه ای به حاشیه برود.

از سوی دیگر حساب خانواده ها را هم جدا کنیم چون آنان هم در شرایط احساسی قرار دارند. نباید بگذاریم مسئولین پرونده یک لحظه هم به حال خود رها شوند. هر خبر، هر مصاحبه، هر بیانیه، هر اعتراض در مسیر سرنوشت فرد در بند تاثیر گذار است. در حال حاضر فقط باید کاری کرد تا فرد در بند آزاد شود ادامه اش دست خودش است.

صدای پای فاجعه می آید

* یکشنبه ۲۱ ژانویه ۲۰۰۷- به نقل از روزآنلاین

خبرها و سخنان بسیاری حاکی از آن است که زنگ های فاجعه ای بزرگ برای ایران به صدا در آمده است. خطر بیش از آنکه نظام جمهوری اسلامی را تهدید کند تمامیت ارضی مان را هدف قرار داده است. در شدت گرفتن این بحران نیز حاکمان جمهوری اسلامی بیشترین کمک را به طراحان آن کرده و می کنند.

ساعت صفر نزدیک است، اما ظاهرا هنوز خیلی ها در خوابند. نمی دانم آیا اصلا از خود پرسیده اند که چرا امریکا چنین تحرکاتی را در منطقه آغاز کرده است؟ آیا پرسیده اند چرا ناگهان جبهه ای عربی علیه ایران شکل گرفت؟

آیا از خود پرسیده اند چرا کنگره آمریکا مصوبه ای را به تصویب می رساند که در آن صریحا نوشته می شود برای حمله به ایران باید رئیس جمهور از کنگره مجوز بگیرد؟! می دانند این یعنی چه؟ لابد فکر می کنند که کنگره امریکا هم مثل مجلس ما، بی پشتوانه طرحی را تصویب می کند. اصلا چرا باید برای چیزی که نیست طرحی تهیه و تصویب شود؟

مدتهاست در آمریکا تیم های مختلف در حال بررسی هر گونه حرکت جمهوری اسلامی هستند. امروز به نظر می رسد هیچ مزاحی در این بین وجود ندارد. صدها طرح و برنامه اماده اجرا شدن است و حاکمان ایران در مسیری ضد منافع ملی ایران در حرکت هستند.

به هیچ عنوان نمی توانم تحلیل کسانی را که می گویند امریکا چون در عراق گیر افتاده است پس به ایران حمله نمی کند را بپذیرم . اتفاقا ممکن است چون امریکا در عراق با نتایج غیر منتظره روبه رو شده، برخورد دیگری را آغاز کند (البته نه ضرورتا به مانند عراق یا افغانستان). اصولا در نگاه آمریکایی ها این دو (عراق و ایران) در هم گره خورده است. بوش با ظرافت خاصی در استراتژی جدید خود ایران را به عراق گره زد و چه راحت هم مسئولین حکومت به او در این راه کمک کردند. در حال حاضر استراتژی آمریکا برخورد با ایران است.

این روزها مرا به یاد روزهای پیش از جنگ امریکا در عراق می اندازد. همان موج آماده سازی افکار عمومی و سرکشی هایی که به این جوسازی ها کمک شایانی می کند.

ساعت صفر نزدیک است. هم چنان می توانند خود را بخواب بزنند و چشم بر واقعیات ببندند و با تحلیل های متملقان خوش باشند. همان

تحلیگرانی که در واپسین ساعت های آغاز حمله امریکا به عراق هم با ردیف کردن هزار صغرا و کبرا به اصلاح خود ثابت می کردند که آمریکا به عراق حمله نخواهد کرد. وقتی هم که حمله به وقوع پیوست تا چند روز سیمای جمهوری اسلامی باور نکرده بود جنگ واقعی است. و بعد که باور کردند شروع کردند به این تحلیل که امریکا چگونه شکست خواهد خورد در مقابل ارتش صدام. فراموش نکنیم ارتش صدام علی رغم صدماتی که از جنگ اول خلیج فارس خورده بود تا آن زمان هنوز یکی از منسجم ترین ارتش های منطقه را داشت. اما چه شد؟ در سه هفته فرپاشید. کمتر از زمانی که افغانستان طالبان ساقط شد.

اما رهبران جمهوری اسلامی چه می گفتند؟ در دنیای خود تحلیل می کردند و از ویتنام و ... یاد می کردند. بوش پسر ابتدا جمهوری اسلامی را در میانه رو ترین شکلش محور شرارت نام نهاد و جمهوری اسلامی هر روز بهانه ای را داد تا سبد منطق امثال بوش پر پیمانه تر شود.

ساعت صفر نزدیک است. واقعیت این است که عملکرد جمهوری اسلامی بیشترین کمک را به بوش کرد تا پس از سه سال حضور در عراق سرنوشت عراق را به ایران گره بزند و برای رسیدن به اهدافش در عراق برخورد با ایران را هم توجیه کند.

ایران را هر روز از دموکراسی (کمتر داشته اش) تهی تر کرده اند. با بی اعتنایی به حقوق انسان ها پایه های توجیه افکار عمومی دنیا را برای برخورد های تند تر آماده کرده اند. صدای هر منتقدی را در گلو خفه کرده و رادیکال ترین صورت را برای خود بر گزیده اند.
ساعت صفر نزدیک است. فکری برای ایران بکنید.

ساعتی با دوست اسرائیلی ام

* پنج شنبه ۸ فوریه ۲۰۰۷

امروز می خواهم ماجرای مکالمه ام با یکی از همکلاس هایم که اهل اسرائیل است را برایتان بنویسم. **مثل اینکه اینجا گفت و گوی تمدنها و فرهنگ روی من حسابی تاثیر گذاشته** و بعد از مباحث فراوان با دوست عراقیم . همنشینی و همصحبتی با فرهنگ های مختلف را اینجا تجربه می کنم. امروز فرصتی دست داده بود و تا ساعتی را با یکی از همدوره ای هایم که اسرائیلی است بگذرانم و با هم گپی بزنیم. راستش را بگویم تا بحال چنین تجربه ای نداشتم و هر لحظه فکر می کردم که این دوست فریادی بر سرم بزند. اما برایم بسیار جالب بود چون در همان برخورد ابتدایی به او گفتم من ایرانیم و تو اسرائیلی و متاسفانه سال هاست ما دو سوی میدان همیشه از هم بد شنیده ایم. در حالی که می دانم بسیاری از هموطنان ایرانیم

هم اکنون در کشور شما زندگی می کنند و همچنان فرهنگ ایرانی خود را حفظ کرده اند. از او پرسیدم در مورد یک ایرانی چه فکر می کند و او با اینکه هیکل تنومندی دارد! با زبان دلنشینی گفت من تو را درک می کنم! گفتم مگر من چه کاری کرده ام که باعث شده ام تو مرا درک کنی؟ گفت من می دانم در ایران از ما چهره ای وحشتناک ساخته اند. به او گفتم برای من اصلا سیاست های دولت هایمان مهم نیست من و تو دو انسانیم که حق مان دوست بودن و سخن گفتن و تشریک مساعی است. گفتم من با ایرانیان بسیاری دوست هستم که کلیمی هستند و حتی برخی مذاهب دیگری هم دارند اما با همه شان دوست هستم و برایشان احترام فراوانی قائلم.

.... بحث ما به اینجا کشید که او از شهرش برای من تعریف کرد و از خانواده اش گفت و من هم از شهر و ایرانیان برایش گفتم. او به ایرانیان بسیار احساس نزدیکی می کرد و من هم با وجود داشتن دوستان مختلفی از اقصا نقاط دنیا از هم صحبتی امروز خود با او بسیار لذت بردم. حس جالبی بود که تجربه کردم. همنشینی و همصحبتی با فردی از ملتی که هیچ چیز جز سیاهی از آنها با گوشم نشنیده بودم....

بازتاب یادداشت در روزنامه کیهان

شاهد از غرب رسید

درحالی که احزاب داخلی حامی روزنامه اینترنتی روز آن لاین از افشاگری های «کیهان» پیرامون منابع مادی و خبری سایت وابسته به سازمان های جاسوسی غرب به هراس افتاده اند، سازمان دیده بان حقوق بشر که در میان ناظران رسانه ای به «بنیاد حمایت از روزنامه نگاران جاسوس» شهرت دارد، جایزه سالیانه هلمن- هلمت را به چهار نویسنده روزنامه اینترنتی روز آن لاین داد. دو تن از این نویسندگان (شهرام رفیع زاده و روزبه میرابراهیمی) پیش از این به اتهامات امنیتی در ایران بازداشت و در همان مراحل تحقیقات مقدماتی به اتهامات خود اعتراف کردند. دو نویسنده دیگر این سایت هم علیرضا افشاری عضو سابق تحکیم وحدت و حسن زارع زاده رسما اعلام کرده اند که با کنگره آمریکا و نهادهای براندازی آمریکایی همکاری نزدیک دارند. گفتنی است یک روز پس از اعطاء این جوایز «روزبه- م» که دادگاه رسیدگی به اتهامات وی هنوز مفتوح است، با فرار از ایران، مانند برخی دیگر از

مدعیان اصلاحات تن به خبرچینی برای اسرائیلی ها داده و در مطلبی با عنوان «ساعتی دیدار با دوست اسرائیلی ام» از ارتباط خود با عناصر صهیونیستی پرده برداشته است. جایزه هلمن- هلمت پیش از این به افرادی چون اسماعیل خویی و هوشنگ گلشیری و سیمین بهبهانی تعلق گرفته و سال گذشته «سینا مطلبی»، «امید معماریان»، «علیرضا جباری» و «تقی رحمانی» از برندگان این جایزه صهیونیستی بودند. سازمان آمریکایی دیدبان حقوق بشر از ۲ سال پیش، در سیاستی تامل برانگیز برای پیشبرد اهداف اطلاعاتی- سیاسی خود به روزنامه نگاران جوان مرتبط با احزاب و گروه ها و NGOهای داخل کشور روی آورده و اکثر جوایز خود را به نویسندگان ثابت روزنامه های زنجیره ای اعطا می کند.

پاسخ به روزنامه کیهان

روز شنبه در روزنامه کیهان (۲۱ بهمن ۱۳۸۵) در «ستون خبرهای ویژه تحت عنوان «شاهد از غرب رسید» برای چندمین بار اینبار به بهانه دریافت جایزه هلمت همت از سوی سازمان دیده بان حقوق بشر(که بنده یکی از هفت ایرانی منتخب بودم) اتهاماتی را به بنده نسبت داده که ناشی از خیالی آشفته و شیوه ای غیر اخلاقی است. متاسفانه این نه اولین اقدام و نه آخرین اقدام این رسانه محفل نشینان بوده و خواهد بود. بنده در این فرصت تنها برای روشن شدن شیوه های این نشریه مدعی اصولگرایی مواردی را یادآور می شوم.

برادر شریعتمداری در خبر به اصطلاح «ویژه» خود ضمن صهیونیستی خواندن سازمان دیده بان حقوق بشر، نوشته است:« **دو تن از این نویسندگان (شهرام رفیع زاده و روزبه میرابراهیمی) پیش از این به اتهامات امنیتی در ایران بازداشت و در همان مراحل تحقیقات مقدماتی به اتهامات خود اعتراف کردند.**» (کیهان ۲۱ بهمن صفحه دوم). ظاهرا ایشان خود را به ندیدن می زند و سعی دارد به خوانندگان خود آنچه را دوست دارد، القا کند. اولا این نوشته شباهت فراوانی به مصاحبه های برخی مقامات قضایی در دوران بازداشت ما دارد

که هر اتهامی را به ما نسبت می دانند اما همه استناداتشان توهم های شخصی برخی بود که البته در این مسیر برادر حسین شریعتمداری در هدایت آنها نقش اصلی را داشته اند. در متن دفاعیات دادگاهم که چندی پیش به شکل علنی منتشر شد تنها اشاراتی به نقش روزنامه کیهان در بازداشت ما و پروژه اعتراف گیری های ناجوانمردانه داشته ام. خدمت مدیر مسئول روزنامه کیهان و یاور همیشگی شان برادر حسن شایانفر مدیر بخش نیمه پنهان روزنامه کیهان یادآور می شوم که اگر لازم باشد و مجبور شوم مکالمات و حتی صدای دوستانتان را نیز منتشر خواهم کرد تا ارتباطات شما با شکنجه گران در پروژه هایی نظیر آنچه در پرونده وبلاگ نویسان روی داد بیش از پیش روشن شود. جناب آقای شریعتمداری ! برای اینکه بیشتر با « اعترافات»!!! من آشنا شوید حتما دفاعیات بنده در دادگاه را مطالعه نمایید. البته آنچه در دادگاه از سوی من گفته شد با آنچه دوستان شما در زندان از بنده به اجبار و با هدایت شما اخذ کرده بودند بسیار متفاوت است.

نماینده ولی فقیه در روزنامه کیهان در ادامه این خبر خود ضمن اشاره به جایزه هلمت همت، ادامه داده است:« **گفتنی است یک روز پس از اعطاء این جوایز «روزبه- م» که دادگاه رسیدگی به اتهامات وی هنوز مفتوح است، با فرار از ایران، مانند برخی دیگر از مدعیان اصلاحات تن به خبرچینی برای اسرائیلی ها داده و در مطلبی با عنوان «ساعتی دیدار با دوست اسراییلی ام» از ارتباط خود با عناصر صهیونیستی پرده برداشته است.**»(همان منبع)

تنها نکته درست در این بخش از نوشته مفتوح بودن پرونده اینجانب در دادگاه است و بقیه متن نوشته منویاتی است که برادر شریعتمداری علاقمند هستند حقیقت باشد!! نمی دانم چه اصراری هست که دوستان کیهان در داخل و خارج از کشور سفر اخیرم را به فرار تعبیر کنند.

اگر می پندارند با این شیوه باعث می شوند برای بازگشتم مشکلی ایجاد نمایند خیال خامی دارند زیرا من وارد بازی آنان نخواهم شد. نمی دانم از چه زمانی «فرار از ایران» با داشتن ویزا و پاسپورت و دعوتنامه های علمی و ... انجام می شود! ادعای «خبر چینی» هم موضوع خنده آوری بود و از همه جالب تر استناد به یکی از یادداشت های وبلاگ شخصی ام و ایراد اتهام « ارتباط با عناصر صهیونیستی» است. ظاهرا ایشان ضمن علاقه به وبلاگ شخصی بنده فرصت ندارند تا متن نوشته های وبلاگ را بخوانند و تنها با دیدن و خواندن تیتر مطالب می پندارند همه متن را خوانده اند.

برای اینکه اندکی فسفرهای ذهن تان صرف شود یکبار دیگر شخصا آن نوشته را بخوانید تا متوجه شوید مکان روایت، کلاس درس است و شخصی که بنده با او گپ زده ام یک شهروند اسرائیلی است نه نماینده دولت اسرائیل. ظاهرا تبلیغات آمریکایی ها در مورد دشمنی نزدیکان احمدی نژاد با یهودیان حقیقت دارد که نشستن و گپ زدن با یک یهودی اسرائیلی تبار از نگاه برادر شریعتمداری گناه کبیره محسوب می شود!

آقای شریعتمداری!

حالا اگر انصاف دارید این توضیحات مرا نیز در همان ستون اخبار ویژه تان منتشر کنید. البته بنده در اولین فرصت علیه این افترا ها و ایراد اتهامات واهی از طریق وکلایم اقامه دعوا خواهم کرد.

روزبه میرابراهیمی

۲۳ بهمن ۱۳۸۵ - ۱۲ فوریه ۲۰۰۷

آموزش جاسوسی؟

* سه شنبه ۱۳ فوریه ۲۰۰۷ - به نقل از روزآنلاین

وزیر اطلاعات دولت جمهوری اسلامی پس از آنکه چند ماه پیش از براندازی نرم به وسیله وبلاگ ها و سایت ها سخن گفته بود، چند روز پیش در سخنان جدیدی اعلام کرد: "طرحی توسط دشمنان مبنی بر تربیت عده‌ای از افراد جاسوس در داخل کشور در حال اجراست... ما توانسته‌ایم تمامی افرادی را که به بهانه گذراندن دوره‌های آموزشی و با هدف شرکت در دوره‌های آموزشی جاسوسی، از کشور خارج شوند، شناسایی و دستگیر کنیم... رسانه‌های داخلی در شرایط کنونی باید مراقب باشند تا به بلندگوهای دشمنان تبدیل نشوند و خواسته‌های آنان را عملی نکنند..." (خبرگزاری فارس)

آنچه از زبان جناب محسنی اژه ای بیان می شود ریشه تفکری است که سال های سال در میان اقتدارگرایان ایران ریشه دارد و با این منطق

بسیاری را از دایره غیر خودی ها و حتی خودی هایشان نیز کنار نهاده اند و لب‌ها را دوخته و قلم هایشان را شکسته اند.

تفکری از ریشه متوهم که به هیچ عنوان با عرصه ای چون عرصه اطلاع رسانی سر سازگاری ندارد. براستی آیا مدیر بالاترین نهاد امنیتی جمهوری اسلامی می پندارد برای جاسوسی (البته به زعم ایشان) دوره آموزشی چند روزه برگزار می کنند؟ اصولا جاسوسی از چه چیزی صورت می گیرد؟ مگر در عرف و حتی قانون، جاسوسی انتقال یا انتشار اطلاعات طبقه بندی شده یک نهاد یا یک سیستم رسمی به بیگانه نیست؟ برای انتقال اطلاعات باید در ابتدا دسترسی به اطلاعات وجود داشته باشد تا به فرض دسترسی این اطلاعات محرمانه اقدامی در جهت انتشارش صورت پذیرد. جاسوسی البته "خیانت" است و حق هر سیستمی هم هست تا با جاسوس برخورد کند، اما مشکل اساسی در اینجاست که در تفکر و بیان مسئولین امنیتی جمهوری اسلامی چه چیزی جاسوسی است؟ با عنوان کلی جاسوسی در این سال ها فقط راه هر گونه انتقاد بسته شده است. هر چند تا کنون نیز هیچ مصداق ثابت شده ای نیز در این زمینه ارائه نشده است.

هر از چند گاهی برای توجیه برخورد یا دستگیری و بازداشتی عنوان جاسوسی استفاده و بر هر پرونده ای برچسب امنیتی می زنند و در حقیقت با این اقدام قصد دارند بدون نظارت، اقدامات خلاف قانون خود را انجام دهند.

باید به این موضوع این مقوله نسبتا تئوریک را هم اضافه کرد که اصولا ضریب امنیت در یک سیستم چگونه بالا می رود؟ با سرکوب و سکوت گورستانی یا با تضمین کانال های تخلیه و بروز انتقادات و حتی مخالفت ها؟

وزیر اطلاعات در سخنان خود از دوره های آموزشی در خارج از کشور سخن گفته که هدفش جاسوس پروری است! این سخنان به چه معناست؟ اگر ایشان می پندارد که جاسوسان را اینچنین علنی می پرورانند باید در صلاحیتش برای نشستن بر پست کنونی شک داشت.
اگر غیر از این است ، این سخنان تنها زمینه سازی و توجیه برای برخوردها و تهدید بیش از پیش عرصه اطلاع رسانی و فعالیت های مدنی است.

اصولا روزنامه نگاران یا فعالین مدنی به کدام اطلاعات طبقه بندی شده و اسنادی دسترسی دارند که بخواهند جاسوسی کنند؟ آیا جز این است که تنها ابزار فعالین عرصه قلم و نهاد های مدنی قوه تحلیل و پردازش اطلاعات و اخبار کاملا رسمی است که در حال حاضر منتشر می شود و پیش از اینها هم می شده است.

با همین تفکر تاکنون بسیاری از سرمایه های این ملت را یا خانه نشین کردند یا از زندگی ساقط. و ظاهرا از این پس هم حق سفر کردن شهروندان را به این بهانه ها سلب خواهند کرد تا به اصطلاح خود، از تحقق توطئه های دیگران جلوگیری کنند!
آنچه مسلم است، مسوولان ما با چنین شیوه هایی - و با تهدید عرصه اطلاع رسانی - سیستم را ضربه پذیرتر خواهند کرد.
مگر اقتدارگرا ترین سیستم های دنیا پیش از این توانسته اند عمر خود را اینچنین تضمین کنند؟ تاریخ و تجربیات بشری حکایت از آن دارد که حکومت هایی پایدار خواهد بود که با ایجاد فضای نقد و انتقاد و گسترش دایره بازیگرانش پویایی خود را استحکام بخشد. البته جمهوری اسلامی ظاهرا در مسیر عکسش در حرکت است.

وزیر اطلاعات جمهوری اسلامی با عنوان کردن این جمله که

"رسانه‌های داخلی در شرایط کنونی باید مراقب باشند تا به بلندگوهای دشمنان تبدیل نشوند و خواسته‌های آنان را عملی نکنند" هدف سخنان اخیر خود را هم روشن تر کرده است. این منطق در امتداد تفکری شناخته شده است. منطقی که به بهانه تشابه سخنی با سخن کسی که مورد قبول نیست، آن دو را یکی می پندارد. به تعبیری، چون سخن فلان فعال سیاسی شبیه سخن فلان مقام امریکایی یا غربی است، این فعال، جاسوس و مزد بگیر آن مقام است! یا چون این نوشته فلان روزنامه نگار با گفته فلان مقام غربی تشابه دارد، پس این روزنامه نگار از آن مقام خط گرفته است! این روش متاسفانه آسان ترین راه برای اتهام زدن به دیگران است.

با همین منطق هم هست که در این سال ها اشتباهات بزرگی در تشخیص منافع ملی کشورمان از سوی حکومت انجام شده است.
به تعبیری با تاسف فراوان سیاست های جمهوری اسلامی را سال هاست تنها "برخلاف منافع یا سخنان مقامات آمریکایی یا اسرائیلی بودن" تعیین می کند نه منافع کشورمان. البته مقامات نیز این موضوع را صراحتا اعلام می کنند که مثلا چون آمریکا از اقدامی خوشحال شده است پس ما نباید آن کار را انجا بدهیم و یا چون اقدامی امریکا را ناراحت خواهد کرد پس انجامش به نفع منافع ملی کشور است.

در زمینه امنیتی، مسوولان ما سال هاست اینگونه رفتار کرده و می کنند. گویی هرگز قرار نیست مقوله ای در این حد از اهمیت، با منطق علمی امنیت راهبری شود.

تغییر پارادایم از تحریم به جنگ

* پنج شنبه ۱ مارس ۲۰۰۷- به نقل از روزآنلاین

بازی هسته ای مسئولان کشور به جاهای خطرناکی رسیده است. حاکمیت تفکری تندرو که حیات خود را در فضای تنش آلود می بیند هر روز کشورمان را به «ساعت صفر» نزدیک تر می کند. واقعا کار به جایی رسیده که از هیچ سخنرانی شخص رئیس دولت ایران نمی توان اطمینان داشت که بحران را تشدید نکند. چه در بین دستفروشان باشد و چه در بین دانشمندان.

اصولا شخص شخیص ایشان هنوز در فضای سخنرانی ها مهدیه تهران قرار دارد و با دنیا نیز با همین ادبیات سخن می گوید. البته به قول ظریفی این ادبیات در وزیر خارجه امریکا نیز تاثیر خود را گذاشته و شاید بزودی به جایی برسیم که رئیس جمهور امریکا نیز ناگهان «یاد دوران کابوی ها بیافتد و اسبش را زین و تپانچه اش را بالا ببرد و عزم

سفر به ایران کند.»

اما حقیقت ماجرا همانگونه که مدت هاست با زبان های مختلف بیان می شود بسیار جدی است. در حال حاضر امریکا و غرب «پارادایم تحریم» را به سوی «پارادایم جنگ» سوق می دهند و در این مسیر مقامات جمهوری اسلامی بزرگترین حامیان آن هستند.

خبر ها حکایت از اعمال سانسور شدید در رسانه های داخلی کشور دارد تا به قولی یکدستی و همبستگی داخلی را با تهدید و سانسور! به نمایش بگذارند. دقیقا همین موضوع - یکدستی - است که می تواند خطر را دور نماید اما این یکدستی با نگاه پلیسی و امنیتی بوجود نیامده و نخواهد آمد و هر روز نیز بر بحران خواهد افزود. مقامات عالی رتبه نظام اصرار دارند که بگویند نه بحرانی هست و نه خطری! هر چند در خلوت خود آگاهند که بحران کجاست و خطر چقدر نزدیک است. در چنین فضایی با چوب «تضعیف نظام» هر منتقدی را به سکوت وا می دارند و اندک صداهای بر آمده از درون را به شیوه های مختلف مسدود می کنند.

به پایان سال شمسی نزدیک می شویم و تعطیلاتی طولانی برای ایرانیان در پیش است. در آن سوی دنیا همه چیز برای اجرای عملیات نظامی در آغاز بهار (همانند دو جنگ افغانستان و عراق از نظر زمانی) آماده شده است و تنها یک اشتباه از سوی جمهوری اسلامی می تواند آغاز فاجعه را رقم زند. محمود احمدی نژاد می گوید «برای رسیدن به انرژی هسته ای می ارزد کارهای دیگر را تا سال ها تعطیل کنیم» و در این مسیر یادآور می شود «که قطار انرژی هسته ای ما نه دنده عقب دارد و نه ترمز». این ها همه درست همان چیزهایی است که امریکا برای توجیه برنامه های احتمالی اش لازم دارد. آیا احمدی نژاد می داند که چه خدمتی به آمریکا انجام می دهد؟

بحران های اقتصادی در داخل کشور ناشی از سو مدیریت هایی است که در این سال ها با سوار شدن بر منطق پوپولیسم صورت پذیرفته و تازه پیامدهای ابتدایی آن در حال بروز پیدا کردن است.

نیروهای سیاسی داخل و خارج از هر جریان یا گروهی باید بخاطر سرزمین ایران هم که شده سکوت را کنار گذارند و در مقابل این رفتارها و کردارهای خانمانسوز بایستند. امریکا اگر جنگ با ایران را آغاز کند دیگر تنها به نابودی چند نیروگاه هسته ای (که سرمایه نسل های آینده هم هست) اکتفا نخواهد کرد و تمام تاسیسات زیر بنایی و نظامی کشور را نابود خواهد کرد.

هر چه دیرتر توافق بر سر پرونده هسته ای صورت پذیرد ایران بیشتر هزینه خواهد داد، همان گونه که تا امروز هزینه های فراوانی را بخاطر اشتباهات و ندانم کاری های برخی داده ایم.
در این میان اما، حساب ترمز بریده ها کاملا جدا است. داستان ترمز بریده ها را روزی در تاریخ، به عنوان کسانی که کشور را به سمت ویرانی برده اند خواهند نوشت...

متن کامل سخنرانی در دانشگاه پرینستون

«جامعه جهانی و حقوق بشر در ایران»

*۲۶ مارس ۲۰۰۷ (۷ فروردین ۸۶)

جامعه جهانی چه کمکی به تحقق بیش از پیش حقوق بشر در ایران می تواند بکند؟
این پرسشی است که همواره در مواجه با افراد مختلف در این مدت چند ماهه با آن روبرو می شویم و می دانم یکی از پرسش های حاضران این نشست هم هست. پس از این فرصت بهره می برم و برای روشن شدن پاسخ های این پرسش با شما گفت و گویی را آغاز می کنم.

همانگونه که می دانید برای تحقق حقوق بشر در هر نقطه ای از این کره خاکی چند مقوله ضرورت دارد:

۱-پذیرش حقوق بشر به عنوان یک امر جهانشمول
۲-گسترش و تقویت فرهنگ حقوق بشر محور
۳-ایجاد و تقویت نهادهای نظارتی غیر دولتی حقوق بشری

۴-داشتن طیفی از نیروهای معتقد و ملتزم به حقوق بشر برای پیشبرد و تحقق این هدف

حال با این اشاره درباره هرکدام از این محورها با توجه زمان کوتاهی که در اختیار داریم سخن می گویم.

۱-**حقوق بشر یک امر جهانشمول**: این مقوله از مقولات با اهمیتی است که کمتر مورد توجه قرار می گیرد و فرصت برای سوء برداشت ها و سوء استفاده ها را مهیا می سازد. تصور کنید هر دولتی از گوشه ای از دنیا بگوید ما حقوق بشر مخصوص خودمان را داریم. یکی بگوید ما **حقوق بشر اسلامی** داریم، دیگری بگوید ما **حقوق بشر اروپایی** داریم و یا دیگرانی بگویند ما حقوق بشر آفریقایی و امریکایی داریم. در این صورت برای مثال یک کشور اسلامی می گوید من حقوق بشر را اجرا نمی کنم چون با حقوق بشر اسلامی در تضاد است. یک کشور اروپایی هم می گوید من حقوق بشر را اجرا نمی کنم چون این حقوق بشر امریکایی است و ...

آیا چیزی از حقوق بشر به عنوان یک (توافق) اعلامیه جهانی مورد قبول همه کشورهای دنیا باقی می ماند؟ پس اگر می خواهیم حقوق بشر را تحقق بخشیم باید در اولویت اول از چند پاره شدن و گسست جهانشمولی حقوق بشر جلوگیری کنیم و در مقابل تفسیرهایی که در پی انشقاق در این مقوله هستند بیاستیم. (هر چند در نمونه کشورهای اسلامی همان حقوق بشر اسلامی که از آن دم می زنند را نیز اجرا نمی کنند! علاقمندان را ارجاع می دهم به اطلاعیه ها و گزارش های دبیرخانه کمیسیون حقوق بشر اسلامی در ایران.)

۲-**فرهنگ حقوق بشر محور**: وقتی می توانیم حقوق بشر را استیفا کنیم که فرهنگی مبتنی بر آموزه های حقوق بشری داشته باشیم. وقتی

به چنین هدفی نزدیک می شویم که فرهنگ و آداب و سنن مان را با محوریت حقوق بشر تفسیر کنیم و هر مقوله و عادت (فرهنگی) که ما را از مبانی حقوق بشر دور می کند به حاشیه برانیم. اگر فرهنگی حقوق بشر محور داشته باشیم جامعه ای مبتنی بر مبانی حقوق بشر خواهیم داشت و در پی آن حکومتی تحت تاثیر این جامعه بر ما حاکم خواهد بود.

۳-**نهاد های نظارتی غیر دولتی حقوق بشری**: همواره یک روی سخن گفتمان حقوق بشری ، حکومت ها هستند. اصولا حقوق بشر را باید از حکومت ها استیفا کرد و به تبع آن، حکومت ها در مقابل این استیفای حق ، مقاومت نشان می دهند. جدا از اینکه در یک جامعه باید فرهنگ حقوق بشر محور حاکم باشد ، برای استیفای این حقوق، نهادهایی نیاز است تا این حقوق را از حکومت ها مطالبه کنند. نهادی می تواند از حکومت مطالبه ای را مطالبه کند که هیچ وابستگی به آن نداشته باشد.

پس برای استیفای یک حق یک حرکت جمعی از طریق نهادها مفیدتر خواهد بود. زیرا نهادها که مجتمع از افراد قائل به یک فکر و هدف هستند، نیروی مضاعف تر از یک فرد دارند. باید هر چه بیش تر نهادهای مستقل حقوق بشری را تقویت کرد. اما این تقویت بدان معنا نیست که برای تقویت شان بودجه تصویب کنیم. کافی است به پیامدهای تصویب دو بودجه در یکسال و نیم اخیر از سوی دو دولت هلند و امریکا بنگرید. آیا این بودجه ها چیزی جز دردسر برای فعالان داخلی داشته است؟ اکنون که با شما سخن می گویم تعداد زیادی از دوستان فعال در داخل کشور از زنان و مردان و روزنامه نگاران تنها با دستاویز قرار دادن این بودجه ها از سوی حکومت ایران، زیر تیغ تیز اتهام ها و پرونده های گشوده در دادگاه ها قرار دارند.

۴-نیروهای معتقد و ملتزم به حقوق بشر: با تمام آنچه پیش از این گفتم برای اجرا و تحقق مبانی حقوق بشر ، نیازمند افرادی معتقد و فعال در این زمینه هستیم. پس همانگونه که برای تحقق یک دموکراسی انسان های دموکرات شرط لازم هستند برای تحقق حقوق بشر نیز نیازمند انسان های معتقد و ملتزم به حقوق بشر هستیم تا بتوانند برای استیفای این حقوق تلاش مستمری داشته باشند.

حال با گذر از این چهار مقوله مورد اشاره، به اصل موضوع سخن امروز می رسیم. جامعه جهانی در این پروسه چه نقشی بر عهده دارد؟

بزرگترین خیانت به حقوق بشر از سوی سه بخش صورت می گیرد. **اول** ملت های نا آگاه به حقوق بشر، **دوم** ملت های نا آگاه به حقوق بشر و **سوم** دولت های ناقض حقوق بشر.

اگر جامعه جهانی را مشمول دولت ها و ملت ها بدانیم، همه بدون استثنا در این مسیر مسئولیت های خطیری بر عهده دارند. چه دولت هایی که مدعی حقوق بشرند و چه ملت هایی که از دولت های خود باز خواست می کنند. حمایت های جامعه جهانی از مقوله حقوق بشر در ایران نیز در همان مقولاتی که پیشتر بیان کردم قابل تعمیم است.

* جامعه جهانی نباید اجازه دهد حقوق بشر از جهانشمولی اش خارج شود.
* جامعه جهانی باید در عمل گسترش حقوق بشر در فرهنگ های مختلف را محور قرار دهد.
* جامعه جهانی باید نهادهای بین المللی ناظر بر حقوق بشر را مستقل نگاه دارد.
* جامعه جهانی باید نسبت به هر نقض حقوق بشری بدون استثنا و

در هر نقطه ای از دنیا و از سوی هر کشوری (چه ابرقدرت و چه غیر آن) حساس باشد و واکنش جدی نشان دهد. در این حساسیت تفاوتی بین ایران یا اسرائیل یا عراق یا دارفور .... نباید وجود داشته باشد. در این مسیر بزرگترین خدمت به کشورهای ناقض حقوق بشر دادن بهانه هایی چون ابوغریب و گوانتانامو است. هر چند همه نیروهای فعال و حکومت ها باید بدانند نقض حقوق بشر در یک کشور مجوزی برای نقض حقوق بشر در کشوری دیگر نیست.

* جامعه جهانی اگر در مقوله حقوق بشر جدی است، هیچ مذاکره و هیچ معامله ای چه اقتصادی، چه تجاری، چه سیاسی را نباید بدون در نظر گرفتن پرونده حقوق بشری آن کشور صورت دهد. در مقابل این گونه پرسش ها برخی دولت ها آمار بیانیه ها وگزارشات و مواضع مقامات خود را مثال می زنند اما آیا صدور بیانیه و در کنارش امضای قرار دادی کلان همه چیز را به حاشیه نرانده است؟ نگاهی کوتاه به چندساله اخیر پاسخ مثبتی را به این پرسش می دهد. هر چند متاسفانه در دنیای کنونی حقوق بشر بیشتر رنگ و بوی سیاست به خود گرفته است در حالی که باید تلاش کنیم روح انسانی را بیش از پیش در آن تزریق کنیم. چه اعلامیه جهانی حقوق بشر بیش از آن که سیاسی باشد انسانی است و باید انسانی بماند. با تاسف باید بر این نکته اذعان کنم که بسیاری از ما بیشتر در انتظار قربانیانی هستیم تا بر بالین شان زجه بزنیم و حتی در این زجه زدن ها هم تبعیض قایل می شویم.

با وجود همه آنچه در این فرصت بیان کردم اگر ملتی بر سر حقوق بشر به عنوان یک مقوله انسانی توافق داشته باشد و این حقوق را بدانند و بخواهند، هیچ حکومتی نمی تواند از کنار آن بی تفاوت بگذرد. حتی اگر آن حکومت خود را مجهز به ابزار زور و زندان بداند.

روزبه میرابراهیمی
دانشگاه پرینستون - نیوجرسی
۲۶ مارس ۲۰۰۷

آیا حالا می خواهیم ملت انگلیس را زخم خورده کنیم؟

* شنبه ۳۱ مارس ۲۰۰۷

پرسشی که در عنوان این پست مطرح کرده ام شاید اولین پاسخش و ساده ترین اش این باشد که مگر انگلیسی ها در تاریخ کشور ما کم زخم به ما زدند؟ اما من می خواهم موضوع را به گونه ای دیگر ببینید. من می دانم و قبول دارم در طول سده اخیر دولت بریتانیا در مقاطع مختلف به ملت ایران با دخالت هایش بد کرده است. من می دانم تاریخ این دخالت ها سیاه است اما می خواهم از روی دیگری سخن بگویم.

علت نگارش این چند خط نیز ماجرای دستگیری ۱۵ سرباز انگلیسی در آب های خلیج فارس است. در روز های اخیر این حرکت که شاید تداومش جرقه ای خطرناک برای انفجار بشکه باروت منطقه باشد به مهمترین خبر دنیا تبدیل شده و خواسته یا ناخواسته پرونده هسته ای ایران را به شماره

دو تبدیل کرده است.

در این ماجرا اصلا به اینکه این سربازان دریایی در کجا بازداشت شده اند ندارم. چون حقیقت این است که ظاهرا بر اساس اسناد حقوقی بین دو کشور ایران و عراق چیزی به عنوان مرزهای آبی در این منطقه تعیین نشده است تا بتوان هر طرفی طرف دیگر را به عبور یا تجاوز متهم کند. در این ماجرا بنظر می رسد همانقدر ایران اشتباه می کند که دولت انگلیس اشتباه می کند.

اما اصل سخن در مورد استفاده های تبلیغاتی و تهوه آوری است از سوی دولت ایران و سیمای برون مرزی در حال انجام است. واقعا نمی فهمم اقداماتی چون پخش تصاویر سربازان انگلیسی ، انتشار نامه های منسوب به ملوان زن دستگیر شده چه معنایی دارد. بخصوص که وقتی به متن نامه ها مراجعه می کنی می بینی در آن بجای بر فرض نوشتن دغدغه های یک سرباز دربند دور از وطن سخنان نوشته می شود که پیشتر از زبان مقامات عالی جمهوری اسلامی بیان شده است. این چه منطق خجالت آوری است که فکر می کنیم با انتشار نوشته یا گفته هایی از سخنان خود از زبان دیگران می توانیم حرف مان را به کرسی بنشانیم.

چرا همه دنیا را احمق فرض می کنیم. در این سوی دنیا شاهدم که چنین استفاده هایی چقدر تاثیر عکس گذاشته است. آیا می دانید این اقدامات بزرگ ترین کمک را به قدرت های می کند که قصد دارند جو را برای برخورد آماده کنند.

آیا صدام حسین که صد ها هزار عزیزان هم وطنمان را به قتل رساند یک بار چنین اقدامی با اسیران در بند انجام داد. فقط لحظه ای را تصور کنید که صدام اسرای ایرانی را وادار می کرد که مثلا نامه بنویسند و از حکومت و رهبری و ... انتقاد کنند و سخنان صدام علیه ایرانیان را بر

زبان بیاورند.

چند روز است هر روزنامه غربی را باز می کنی خبری در این باره می بینید. اخباری که می بینم با دیدن و خواندش در چهره هر امریکایی و غیر امریکایی خشمی نمایان می شود.
حالا تاثیرش را در میان مردم انگلستان ببینید. فراموش نکنید همانگونه که عزیزان ما وقتی به جبهه ها می رفتند فرزندان همین ملت بودند و از بطن همین جامعه ، سربازان انگلیسی نیز از همان جا آمده اند. از میان جامعه شان... هر اقدام این چنینی زخمی را بر بدن جامعه انگلیس می زند که فردا روزی اگر قدرتمداران ساز دیگری بزنند با سکوت همراه با تایید همین ملت روبرو خواهند شد.

روزهای گروگانگیری دیپلمات های امریکایی نیز زخم هایی بود بر بدن جامعه امریکا که هنوز هم پا برجاست و حتی در کوچه بازارش نیز احساسش می‌کنی ... نگذاریم این زخم ها عمیق و عمیق تر شود. در گروگانگیری ۵۸ نیز بسیاری از کسانی که با اصل گروگانگیری مشکلی نداشتند از تداومش نگران بودند.

(البته من با اصلش هم مخالف هستم و برایش استدلال هم دارم .)
اکنون نیز حتی اگر اصل دستگیری نظامیان انگلیسی را درست بدانیم (که در شرایط کنونی چنین نیست) تداوم این بازداشت و سو استفاده هایی چون اعتراف گیری و نامه پراکنی اشتباهی سخت است.
نگذاریم زخمی بر ملت انگلیس وارد شود....

متن سخنرانی در دانشگاه ویرجینیا

سانسور در چهار سطح در مطبوعات ایران

* در تاریخ ۱۱ آوریل ۲۰۰۷

آقایان و خانم ها!
اساتید محترم و دانشجویان گرامی!

خرسندم که در این فرصت در کنار شما هستم و به عنوان یک «ایرانی روزنامه نگار» از تجربیات خود از سال های حضور در عرصه روزنامه نگاری (در عصر اصلاحات) با شما سخن می گویم. روزنامه نگاری ، حرفه ای است که در سال های اخیر بخش وسیعی از بار تغییرات و تحولات در ایران را برعهده گرفته و در راستای آن از جمله مهمترین بخش های جامعه ایرانی بوده که بیشترین هزینه ها را در این مسیر

پرداخته است. در این بین از توقیف های پیاپی روزنامه ها به عنوان خانه های دوم ما گرفته تا بازداشت های مستمر و پرونده سازی های کمر شکن و حتی مرگ را نیز شاهد بوده است. اما همچنان پابرجاست و از اندک روزنه های تنفس برای روشن نگاه داشتن چراغ خانه « آگاهی دهی» بهره می برد. از روزنامه نگاری در ایران و بخصوص در عصراصلاحات ساعت ها می توان سخن گفت و مقاله ها و کتاب ها می توان نوشت اما من در این فرصت کوتاه سعی خواهم کرد تنها به شما تصویری از آنچه در ایران در عرصه روزنامه نگاری می گذرد ارائه دهم و شما را بر سختی و دشواری های روزافزون آن آگاه سازم.

روزنامه نگاری در ایران قدمت طولانی دارد و فراز و فرودهای فراوانی را به خود دیده است. اصلی ترین رسالت روزنامه نگاری ، « آگاهی بخشی» به جامعه و اطلاع رسانی شفاف است تا از این مسیر فرهنگ ها بالنده تر و جامعه شکوفاتر و کشور پیشرفته تر شود. راهی که در موازاتش همواره « نقد قدرت» نیز قرار می گیرد و چه درست گفته اند که مطبوعات رکن چهارم دموکراسی و یکی از مهمترین ابزار دیده بانی و نظارت بر صاحبان قدرت است. با این اشاره کوتاه می خواهم از دشواری های فعالیت در این عرصه در عصر اصلاحات و تاکنون سخن بگویم . دشواری هایی که از جنبه های با استفاده ابزاری از قانون و یا بهره برداری شبه قانونی و در بسیاری مواقع غیر قانونی همراه بوده است. مطبوعات و روزنامه نگاری در دوران اصلاحات و پس از اصلاحات (البته منظور دولت اصلاح طلب است نه اصلاحات به معنای عام) با تهدیدات مختلفی روبرو بودند. تهدیداتی که اصلی ترین رسالت روزنامه نگاری یعنی آگاهی دهی را نشانه رفته است. با شکوفایی دولت اصلاح طلب در اریکه قدرت ، مطبوعات فراوانی سر بر آوردند و نسیم خوش آزادی به مشام رسید. اما قدرت در مدت کوتاهی ، آگاهی را خطری برای پایه های خود تفسیر کرد. قدرت، شهروند آگاه را مزاحمی در مسیر خود

دید، و چراغ های تابانده شده بر محافل فساد را کابوسی یافت که باید پایانش می داد. مطبوعات در این دوره با دو رویکرد محدود و محدودتر و سانسور شد؛ **علنی و غیر علنی**.

در **شکل علنی** صراحتا با یک سخنرانی و «پایگاه دشمن» نامیدن مطبوعات در کمتر از یک هفته، ده ها روزنامه و نشریه توقیف شدند و هزاران روزنامه نگار بیکار و برخی نیز روانه زندان شدند. البته پیش از آن نیز مجلس یکدست محافظه کار دوره پنجم ، قانون مطبوعات را با اصلاحاتی که این اصلاحات با روح قانون اساسی جمهوری اسلامی نیز در تعارض بود ، به قانونی ضد ازادی بیان تبدیل کرد. قانونی که بعد ها حتی مجلس یکدست اصلاح طلب دوره ششم نیز نتوانست تغییری در آن ایجاد کند و دخالت آشکار رهبری نظام در آن ماجرا این قانون را نیز به «مقدسات نظام» افزود. قانون اصلاح شده در مجلس پنجم صریحا دستاویزی برای اعمال سانسور بود. اما روی دیگر داستان حذف و سانسور در مطبوعات ایران غم انگیز تر است. حال که با بستن روزنامه ها و زندانی کردن روزنامه نگاران نمی شد، ریشه درخت آگاهی را سوزاند قدرت فائقه با اندیشه ای نو در این مسیر وارد شد.

سانسور غیر علنی: قدرت در ایران همه تلاش اش را کرد تا مطبوعات را از حامیان اصلی اش جدا کند و آن چیزی نبود جز افکار عمومی و مردمی که مخاطب روزنامه ها بودند. حکومت، اعتماد به سختی شکل گرفته بین مردم و روزنامه ها را تاب نمی اورد پس همه تلاش خود را کرد تا این اعتماد را سست کند.

اما چگونه؟ در ایران کنونی چندین نهاد بر مطبوعات اعمال سانسور می کنند.

۱- سانسور از طریق شورای عالی امنیت ملی: اصلی ترین معضل کنونی مطبوعات در ایران این نهاد عالی امنیتی است که متاسفانه از

اواسط دوره ریاست جمهوری خاتمی نقش سانسورچی و تهدید کننده برای مطبوعات را بازی کرد و در دوران پس از خاتمی نیز به حد اعلا رسیده است. این شورا که وظایفش تصمیم گیری های راهبردی در مورد مسایل کلان امنیتی کشور است در جزئی ترین مسائل وارد می شود و به طور متناوب و حتی در برخی مواقع هفتگی مصوباتی را به تصویب می رساند و به روزنامه ها به شکل محرمانه ابلاغ می کند که اگر روزی این مصوبات به شکل مجموعه ای منتشر شود، طنزی شاهکار است. متاسفانه این اختیارات فرا قانونی را نیز همان قانون اصلاح شده مجلس پنجم به این شورای منصوب رهبری نظام داده است.

۲- **سانسور از طریق مدعی العموم یا دادستانی**: مدعی العموم فی نفسه باید مدعی تضییع حقوق عمومی باشد و دادستان حقوق خصوصی که به آن مراجعه می شود. اما در این سال مدعی العموم تبدیل شده است به مدعی الشخاص و نهاد های خاص که به مانند ماشینی برای پرونده سازی و توقیف و توجیه اقدام های غیر قانونی استفاده می شود. متاسفانه مدعی العموم به جای اینکه در دعواها طرف مردم را بگیرد و حامی روزنامه ها به عنوان ابزار نظارتی مردم بر قدرت باشد، همواره طرف قدرت بوده و بر اساس سلیقه شخصی افراد از قانون بهر برداری می کند. در این سال ها این نهاد با همراهی نهاد های از سپاه پاسداران ، نیروی انتظامی و صدا و سیما و... در زمینه شکایت سازی علیه مطبوعات فعال بوده و با اشاره ای روزنامه ای را توقیف یا روزنامه نگاری را برای سال ها به زندان می فرستند. البته لازم به ذکر است که پس از روی کار آمدن دولت تندور احمدی نژاد ، نهادی که پیش از این در قانونی اساسی بوده اما روشی معتدل تر داشته یعنی «هیات نظارت بر مطبوعات» که ریاستش بر عهده وزیر ارشاد اسلامی است نقش دادستانی را برعهد گرفته و در توقیف روزنامه ها گوی سبقت را از قوه قضائیه ربوده است.

۳- سانسور از طریق مدیران مسئول: مدیران مسئول روزنامه ها نیز در این سال ها تبدیل به بزرگ ترین سانسورچیان شده اند. که البته این اقدام ناشی از چند عامل و یک تحلیل است. پرونده سازی های مدعی العموم علیه مدیران مسئول روزنامه ها به نوعی به گروگان گرفتن مجازی آنان توسط مدعی العموم است و از سوی دیگر استراتژی «ماندن به هر قیمت » نیز تحلیلی است که برخی مدیران مسئول روزنامه ها را در این سال ها به ورطه سانسور کشانده است. البته در این بین هستند مدیرانی که در آزمون های اینچنین سربلند بیرون آمده اند و منافع عالی را بر منافع شخصی ترجیح داده اند.

۴- روزنامه نگاران خودسانسور: مرحله بعدی از سانسور در ایران، از سوی خود روزنامه نگاران صورت می گیرد که می توان نام آن را خودسانسوری نهاد. بالا رفتن هزینه روزنامه نگاری تا سرحد زندان و مرگ از یک سو و عدم امنیت شغلی حتی در حد تامین نیازهای اولیه معیشتی از جمله عواملی است که روزنامه نگاران را به ورطه خودسانسوری برای نفس نفس زدن در حداقل فضاهای موجود کشانده است. البته هستند روزنامه نگارانی که در این سال ها به سختی تمام روزگار گذرانده اند و حتی به اجبار به تغییر شغل تن داده اند. اما اکثریت روزنامه نگاران که پرورش یافته همین دوران کوتاه شکوفایی مطبوعات هستند، تلاش فراوان دارند تا نگذارند، خواسته قدرت در خاموش کردن این مسیر تحقق بخشیده شود. اینگونه است که باید گفت انتخاب حرفه روزنامه نگاری در ایران یعنی پای گذاشتن بر روی مین و نه حتی راه رفتن در میدان مین.

با همه آنچه در این فرصت کوتاه گفته شد که حاصلی از تجربیاتم در این سال ها بود، روزنامه نگاران در ایران همچنان تلاشگرند و با تمام سختی ها هر سال نسل جدیدی به آن ها افزوده می شود.نسلی که فرزند زمانه خویش است و می خواهد روزگار خود را خود آگاهانه بسازد و نهال «

آگاهی» ملت ایران را بارورتر کند.
به امید روزی که هر ایرانی با عنصر آگاهی، مسیر آینده خود را بیابد و بسازد.

۱۱ آوریل ۲۰۰۷
روزبه میرابراهیمی
آمریکا - دانشگاه ویرجینا
Affairs Public of Center Miller

یک ماه سیاه

* سه شنبه ۲۴ آوریل ۲۰۰۷- به نقل از روزآنلاین

چند روز پیش در حین وب گردی هایم متوجه شدم اولین ماه سال جدید (۱۳۸۶) به پایان رسیده است و نگاهی گذرا به اخبار احضارها و بازداشت ها و... سرسام آور بود. ده ها احضاریه، ده ها بازداشت، ده ها حکم، و البته صدها خبر از درون ایران در همین زمینه! در این فکر فرو رفتم که شاید پیام آغازین روز سال برای "انسجام ملی" همین بود که شد و می شود.

برای ایجاد انسجام ملی چه باید کرد؟ البته در عمل منظور از این انسجام، "اتحاد با من" است. این "من" نیز یک شخص نیست، بلکه یک تفکر است که آنقدر زیر پای خود را سست یافته است که در جوی سخت و تحت فشار همیشه اشتباه ترین تصمیمات را می گیرد.

عقل حکومت داری حکم می کند در میدان جنگ (بر فرض حقیقی

بودنش) نباید در دو میدان همزمان جنگید. افتادن در این مسیر ضربه پذیری بیش از پیش را عامل خواهد شد. حاکمان ایران در شرایط کنونی در این مسیر قرار گرفته اند و البته به نظر می رسد بیشتر از آنکه نگران "دشمن" خارجی باشند هدفشان "دشمنان" داخلی است.

اینکه واژه "دشمن" همیشه اکسیژن حکومت های غیر دموکراتیک بوده است بر کسی پوشیده نیست. اما این دایره در حال حاضر آنچنان گسترده شده که به نزدیک ترین طیف های فکری درون جمهوری اسلامی نیز رسوخ کرده است. البته این نظر، دیدگاه غالب جریان حاکم در ایران است، نه صاحب این قلم.

وزارت اطلاعات دولت احمدی نژاد هر روز این دایره را با تفسیرهای خود به اقشار مختلفی می کشاند. روز گاری "سندیکالیسم" را تهدیدی امنیتی تفسیر می کنند و شمشیر از رو برای کارگران می بندند. روزی دیگر معلمان و فرهنگیان را تهدیدی برای امنیت کشور می خوانند و فرمان متفرق کردنشان را صادر می کنند. روزی دیگر فعالان زنان را که مطالبات نیمی از جامعه ایرانی را نمایندگی می کنند را "ضد امنیت" می نامند و آنها را در صف دادگاه ها و زندان قرار می دهند.

روزی دیگر با بافتن داستان "براندازی نرم"، هر که "با ما نیست" را در سبد براندازان قرار می دهند و لشگری از "دشمنان" فرضی را ردیف می کنند.

با جمع بندی کوتاهی از آنچه در این چند ماهه در ایران روی داده و با بررسی مواضع مقامات ارشد و مسئول نظام جمهوری اسلامی، می توان لشگری از ناراضیان را لیست کرد. براستی آیا جمهوری اسلامی چنین می پندارد؟ اگر پاسخ مثبت است که باید بفکر چاره ای معقول

بود، نه پاک کردن صورت مسئله.

اگر این چنین لشگری از ناراضیان در همه بخش های جامعه (کارگران، فرهنگیان، زنان، دانشجویان، روزنامه نگاران، فعالان مدنی،...) علیه جمهوری اسلامی فعالیت می کنند، پس نظام باید لحظه ای بیاندیشد که یک جای کارش گیر دارد! همه این اعتراضات که حاصل تلاش "دشمن" نیست. چه کسی "دشمن" را که به قول مقامات نظام کاری جز توطئه علیه نظام ندارد تجهیز می کند؟

کارنامه جمهوری اسلامی هر روز با اشتباهاتی که انجام می دهد مخدوش تر می شود. در میدان نبرد عقل حکم می کند در دو جبهه نباید جنگید. اما ظاهرا برای برخی از کسانی که در حاکمیت هستند آشتی کردن با بیگانگان قابل هضم تر از آشتی کردن با مردم است. همانگونه که همه دیدیم مهرورزی تنها شعاری انتخاباتی بود و البته نه شامل حال ایرانیان. و البته مباحثی چون دموکراسی و حقوق بشر هم که، به قول رییس دولت، "تهوع آور"!

اگر کسانی هم کشور را بسوی "انقلاب نرم" فرضی مقامات جمهوری اسلامی هدایت می کنند، در درجه اول مقامات مسئول در نظام ایران هستند تا کشور های دیگر؛ البته اگر چنین فرضی را درست بدانیم...

فقط امیدواریم اشتباهات، قبل از آنکه صدماتی جبران ناپذیر را بر "گربه" زیبا و دوست داشتنی "ایران" وارد کنند، متوقف شوند.

مشکل از کجا آغاز شد؟

* سه شنبه ۸ مه ۲۰۰۷- به نقل از روزآنلاین

مروری بر اتفاقات چند روز بخصوص در نشست شرم الشیخ باز هم این پرسش را مطرح می کند که آیا جمهوری اسلامی سیاست خارجی اش را واقعا بر مبنای "حکمت و مصلحت" پیش می برد یا نه ؟ صد در صد حاکمان کنونی ایران بهتر از هر کسی می دانند که مشکل اصلی شان با چه کشوری است و دیگر مشکلات حاشیه هایی است بر اصل.

در میان قدرتمندان نظام جمهوری اسلامی در این زمینه تقریبا اجماع وجود دارد: "همه مشکلات با آمریکا است". اما برای حل این مشکل هر طیفی نظر و روشی را دارد که برایش چتری به نام "مصلحت" نیز باز کرده است. در طول حداقل آخرین دهه گذشته فرصت های فراوانی

پیش رو بود تا برای این مشکل چاره ای اندیشیده شود.

اما بخش وسیعی از سنگلاخ های این مسیر ناشی از قدرت آشکار اما غیر رسمی است که در نظام سیاسی ایران خانه کرده و با تکیه بر آرمان هایی ایدئولوژیک حتی قدرت تشخیص مصلحت نظامی که همه چیزش نیز از آن است را ندارند.

ایدئولوژی محوری "سمی" است که در دنیای کنونی آنهم در عرصه سیاست خارجی و بین المللی هیچ جایگاهی ندارد. سیاست عرصه واقعیت هاست و عصر "ایدئولوژی محوری" هم سال هاست که رنگ باخته است. کافی است تنها مروری بر رویدادهای یک دهه گذشته ایران در عرصه سیاست خارجی بیندازیم تا براحتی آسیب هایی که این نگاه بر منافع ملی وارد کرده است را به چشم ببینیم.

در خبرهای اخیر اقدام منوچهر متکی وزیر خارجه دولت نهم در ترک میز شام و یا برخورد غیر دیپلماتیک با طرف های حاضر در اجلاس از سوی رسانه های داخلی و اصولگرا اقدامی قاطع و تحقیر کننده تفسیر شده است و برای وی کف زده اند و همین اقدام از سوی رسانه های خارجی نمودی از ضعف تفسیر شده است.

این پرسش همیشه مطرح است که چرا مقامات جمهوری اسلامی از رویارویی با مقامات امریکایی واهمه دارند؟ البته هر چند در مواضع و شعار هیچ وقت کم نمی آوردند اما واقعا چه چیزی عامل این هراس است. به عنوان نمونه، جمهوری اسلامی در شرایطی می توانست ادعا کند از موضع قدرت در اجلاس اخیر شرم الشیخ با حضور وزیر امور خارجه آمریکا ظاهر شده که فرستاده دولت ایران به دنبال بهانه برای خلاصی از آنجا نمی گشت و با وزیر امریکایی رودر رو می شد و اگر حرفی داشت در مقابل او می زد و طبیعتا حرف های طرف مقابل را هم می شنید. واقعا

این کجای حکمت و مصلحت است که در میان ضیافت شام رسمی و دیپلماتیک در سطح بالای مقامات به بهانه های مانند حضور نوازنده با پوشش نامناسب و یا نزدیکی به صندلی وزیر خارجه امریکا ضیافت را ترک کنیم و بعد تبلیغ کنیم که ما امریکا را تحقیر کرده ایم! (** این بخش از یادداشت حذف شده بود: **در عرف دیپلماتیک انجام دهنده این عمل است که هم خود را تحقیر می کند و هم کشوری که نمایندگی اش را برعهده دارد.**)

از سوی دیگر مدتهاست جمهوری اسلامی از سوی امریکا متهم به دخالت و پشتیبانی از نیروهای شورشی در عراق می شود و درست چند ساعت قبل از آغاز همین نشست (شرم الشیخ) اتهامات مبسوطی در این زمینه از طرف وزارت خارجه امریکا منتشر شد. چرا جمهوری اسلامی اگر حرفی برای رد این اتهامات دارد نمی نشیند و با اسناد با طرف مقابل این ماجرا گفتگو نمی کند؟ آیا این اقدامات مبتنی بر حکمت و مصلحت است؟

البته شاید اگر از حکمت و مصلحت هم تفسیری یک جانبه و بسته از نگاه حکومت داشته باشیم حق با حکومت باشد، اما حکمت و مصلحت را باید برای کشور و ملت تفسیر کرد.
بیشترین چالش های جمهوری اسلامی در سیاست خارجی ناشی از تعریفی فرا تر از مفهوم "دولت – ملت" است. اصولا مشکل از آنجا آغاز شد که در ابتدای انقلاب، انقلابیون برای جمهوری اسلامی تعریفی فرا ملی و جهانی تدوین کردند و بر این پایه های ایدئولوژیک و آرمانی کشور را هر از چند گاهی در بحرانی قرار دادند و تنها بهره ای که بردند مصرفی داخلی و کاربردی "نماز جمعه ای" بود.

"شعار" سال هاست که کشتی سیاست خارجی ایران را در دریای نامتعادل عرصه بین المللی به این سو و آن سوی می برد و گاهی با

لجبازی بچه گانه ای این کشتی را در مسیرهای صخره ای پیش می بردند و با هر قدمی آسیبی به کشتی و سرنشینانش می رساند.

چه بخواهیم و چه نخواهیم اگر زندگی با دنیا را می خواهیم باید روزی این مقوله را بپذیریم که تعریف مان از "دولت - ملت" را اصلاح کنیم و ایدئولوژی محوری را در عرصه سیاست خارجی به کناری بنهیم و عالمانه در مسیر عقلانی ره بپیماییم. و گرنه، بهتر است دیواری دور مرزها ایران بکشیم...

درباره ماجرای دست دادن یا ندادن!

* یکشنبه ۲۴ ژوئن ۲۰۰۷

این ماجرای دست دادن یا ندادن آقای خاتمی برای افرادی شده مهم ترین موضوع روز ایران. فکر کنم جز اولین کسانی بودم که این فیلم را در سایت یوتوب دیدم و یادم هست با دوستی گپ می زدم و گفتم این فیلم برای خاتمی شر خواهد شد. البته تا آن روز هیچ بازتابی نداشت و من هم تصادفی در حالی که دنبال چیز دیگری می گشتم آن قطعه را دیدم.

با شناختی که از فضای سیاسی ایران داشتم مطمئن بودم براحتی از این فیلم نخواهد گذشت که دیدیم نگذشتند. اما برای من تاسف برانگیز تر از دستاویز شدن این فیلم تکذیب ها و توضیحات شتاب زده و بدون فکر برخی اطرافیان خاتمی و بعدها خود خاتمی بود.

نمی خواهم به حاشیه ها و چه گفته شده ها بپردازم ولی در مخ من یکی نمی رود که این فیلم مونتاژ یا ساخته شده و ... باشد. هر کس هم

بگویید من از تصاویری که دیدم هیچ خدشه ای بر آن ندیدم. حالا چرا خاتمی و اطرافیانش شب را می گویند روز است نمی دانم.

اما کاش خاتمی حداقل این باور را در ذهن جامعه از خود نگاه می داشت و نمی شکست که او در دوران زمامداریش اگر «راست ها» را نگفت ، دروغ هم نگفت. اما.... .

«مهستی » ،روزنامه اعتماد ملی و درد بی درمان روزنامه نگاری

* یکشنبه ۱ ژوئیه ۲۰۰۷

واکنش قائم مقام حزب اعتماد ملی به انتشار خبر درگذشت « مهستی » خواننده ایرانی غربت نشین در پی اعتراض روزنامه کیهان را خواندم و یکبار دیگر این درد روزنامه نگاری ایرانی را بیش از پیش لمس کردم.

جناب منتجب نیا همان سخنان کیهان را تایید و تکرار کردند و به مانند ماجرای نامه سال پیش آقای کروبی به مدیر مسوول روزنامه اعتماد ملی برای انتشارش خبرگزاری ها و روزنامه های دیگر را برگزیدند !

اما هدفم از این نوشته این نیست که بگویم از نظر من در این ماجرا چه کسی درست می گوید یا چه کسی غلط. تنها می خواهم یک نکته را یادآوری کنم که از دردهای بی درمان یا سخت درمان روزنامه نگاری ماست. درست وقتی سیاست و قدرت و سیاستمداری پا به عرصه روزنامه نگاری می گذارد همه اصول حرفه روزنامه نگاری تحت تاثیر سو آن قرار

می گیرد.

این اولین بار نیست که چنین ماجرای روی می دهد و ظاهرا آخرینش هم نخواهد بود اما نکته اینجاست که آیا اولین اولویت روزنامه نگاری و انتشار روزنامه خبر رسانی هست یا نه؟ به نظر من اصل انتشار هر خبری در صورت کذب نبودن درست است و قید و بندی هم از نوع سلیقه را بر نمی تابد.

کیهان و جناب قائم مقام ، در نوشته و گفته های خود سعی در پاک کردن صورت مساله دارند. آنها اول می گویند چرا خبر منتشر شد! دوم می گویند چرا فلانی هنرمند نامیده شده است! سوم می گویند انتشار خبر مرگ کسی ترویج نظام گذشته و دربار است! چهارم فلانی فاسد و.... بود!و.......

اما همه انچه گفته می شود ناشی از دایره ای بسته در دور خود است. اول اینکه این خبر فی نفسه یک خبر بود که باید هر رسانه ای که رسالت خبررسانی برای خود قائل است در انتشارش اقدام می کرد. البته در زمینه های مشابه چون مرگ دیگر هنرمندان مغضوب ،کیهان هم در خبررسانی اش مثبت!!عمل کرده و می کند هر چند با چاشنی کردن اتهام و فحش و ناسزا به حتی مردگان که از لحاظ خبررسانی جای تقدیر دارد!!! (مثلا در مورد اخیر حتی اگر فرض را بر این بگیریم که بخشی از مردم از این خبر بی خبر بودند که نبودند کیهان با شیوه خاص خود خبررسانی مثبتی داشت.)

دوم اینکه شاید کسی در نگاه و ایدئولوژی یا تفکر ما هنرمند یا هنرمند متعهد دانسته نشود اما با نفی آن از سوی ما مطمئنا واقعیت تغییر نخواهد کرد. برای دانست این واقعیت کافی است چشم باز کنید و ببینید که آیا می توانید هیچ خانه یا خانواده ایرانی را از کاستی یا آلبومی از خوانندگانی چون هایده، مهستی، گوگوش ، داریوش، ابی و..... خالی ببینید.

باور کنید در میان خانواده های خودتان هم با بسیاری از آثار همین ها که نمی خواهید ببینیدشان زندگی کرده و می کنند. حالا بنا بر هر توجیهی نمی خواهید ببینیدش آن چیز دیگری است.

سوم اگر انتشار خبر مرگ فردی ترویج فساد و رژیم گذشته است پس کافی است نگاهی به کارنامه گذشته خود بکنید ...
تا کی می خواهید با خوره قدرت به جسم کم جان روزنامه نگاری ایران آسیب برسانید...

ماندن در وطن یا تن دادن به غربت

تسهیلات ویژه برای تشویق ایرانیان یهودی به مهاجرت

* دوشنبه ۹ ژوئیه ۲۰۰۷- به نقل از روزآنلاین

پس از تلاش های نه چندان موفق گذشته برای تشویق ایرانیان یهودی به مهاجرت از ایران، دولت اسرائیل برنامه ها و تسهیلات ویژه ای را برای جذب ایرانیان یهودی در نظر گرفته است. آنگونه که در خبر ها آمده است دولت اسرائیل و آژانس یهود برای هر فرد یهودی ایرانی که به اسراییل مهاجرت کند، افزون بر مزایایی مانند تحصیل رایگان در دانشگاه، و وام های چشمگیر برای خرید منزل و اتومبیل صفر کیلومتر، ده هزار دلار نیز پول نقد خواهد گرفت.

این خبر در حالی از سوی روزنامه "معاریو" منتشر می شود که تاکید شده است این کمک ها تنها برای یهودیان ایرانی در نظرگرفته شده و شامل حال یهودیان از کشورهای اروپایی و آمریکایی نخواهد شد.

روزنامه اسراییلی معاریو در شماره روز یکشنبه هشتم جولای در این

زمینه می نویسد: "اخبار مربوط به اعطای کمک های مالی بلاعوض و چشمگیر برای یهودیان ایرانی به منظور رفتن آنها به اسراییل، از طریق بخش فارسی رادیو اسراییل پخش شده و نیز یک سایت ویژه فارسی که از سوی دولت اسراییل برپا شده، جزئیات این امر را در اختیار علاقمندان قرار می دهد.در این سایت، همچنین رشته برنامه هایی برای گردشگری در اسراییل که ویژه یهودیان ایرانی تنظیم شده، برای تابستان کنونی در نظرگرفته شده است. در این سفرهای دسته جمعی، یهودیانی که از ایران موقتا به اسراییل سفر می کنند، با شهرها و اماکن اسراییل آشنا می شوند. هدف این برنامه های گردشگری نیز تشویق هرچه بیشتر یهودیان ایرانی به خروج هرچه سریعتر از ایران است."

ترجیح ایرانیان چیست؟

هر چند در این بین، روزنامه معاریو اذعان می کند: "یهودیان ایران چندان اشتیاقی به خروج از میهن خود ندارند و ترجیح می دهند که با فرهنگ ایرانی و در کنارهم میهنان مسلمان خود زندگی کنند و زندگی در ایران را به رفتن به اسراییل برتری می دهند."

معاریو گزارش می دهد که "یهودیان ایرانی حتی نان سنگک و لواش ایرانی و سلام وعلیک روزانه با همسایگان مسلمان را بر زندگی در کشوری دیگر ترجیح می دهند، هرچند که به نوشته این روزنامه، یهودیان ایران در مدارس ویژه خود زبان عبری را نیز می آموزند و به عبری نیز آشنائی دارند و کنیساهای یهودیان ایران نیز آزادانه به فعالیت ادامه می دهند."

ایرانیان یهود در تاریخ ایران

پیشینه حضور یهودیان در ایران به ۲۷۰۰ سال پیش بازمی گردد. دانشنامه

"ویکیپیدیا" در این باره می نویسد: آنها پس از ویرانی معبدشان توسط بخت النصر فرمانروای قوم آشور، به مناطقی در جنوب عراق فعلی و ایران که زیر سلطه آشوریان درآمده بود کوچانده شدند. گفته می شود حضور تاریخی یهودیان بعنوان اولین ساکنان منطقه گیلیارد یا گیلعاد در نزدیکی دماوند نیز به دوران آشور و تبعید اجباری باز می گردد.

قبرستانی قدیمی از آن دوران باقیمانده است که برای یهودیان ایران ارزش معنوی بالایی دارد.در زمان کوروش، یهودیان اجازه یافتند به سرزمین خود که بخشی از امپراطوری هخامنشی شده بود، بازگردند و معبد خود را بازسازی کنند. اما گروهی از آنها در ایران ماندند و آزادانه دین و فرهنگ خود را حفظ کردند. این روایتِ رواداری کورش نسبت به یهودیان در عهد عتیق از کتاب مقدس آمده است و یهودیان جهان به همین دلیل او را یکی از ناجیانِ قوم خود می دانند. شماری از اماکن مقدس و تاریخی یهودیان در ایران قرار دارند که آرامگاه پیامبران و بزرگان بنی‌اسرائیل مانند دانیال نبی در شوش، و پیامبر حبقوق در تویسرکان از این جمله‌اند و مورد احترام مسلمان نیز هستند و نیز مقابر چندتن از بزرگان برجسته یهودی هاراو اورشرگاء در یزد و خاخام ملا مشه هلوی در کاشان قرار دارند."

امواج مهاجرت ایرانیان یهودی

شمار یهودیان ایران در حال حاضر، بنابر آمارهای رسمی نهادهای وابسته به کلیمیان در داخل ایران به ۲۰ هزار نفر می رسد. این رقم گرچه در قیاس با جمعیت ۷۰ میلیونی ایران بسیار ناچیز جلوه میکند، اما کماکان نشان‌دهنده این واقعیت است که در کل خاورمیانه، بعد از اسراییل، ایران دارای بیشترین شمار شهروندان یهودی است.

تعداد یهودیان ایران تا انقلاب سال ۱۳۵۷، چهار برابر میزان کنونی بود

و به هشتاد هزار نفر می رسید. بعد از جنگ جهانی دوم عده ای از یهودیان کشور به دلیل تشویق ها و تحریکات سازمان های صهیونیستی و یا بخاطر مشکلاتی که وجود داشت به اسرائیل مهاجرت کردند و بنابر گزارش های مختلف اکثریت آنها در آنجا با شرایط دشواری مواجه شدند. اما در دهه های بعد عده ای از آنها حتی به رده های بالای سیاسی دست یافتند که از آن جمله می توان به رئیس جمهور سابق اسرائیل موشه کتساف (موسی قصاب) و شائول موفاز وزیر پیشین دفاع و وزیر کنونی دارایی اشاره کرد.

خروج یهودیان از ایران در سال‌های پس از انقلاب هم ادامه داشت که صاحب نظران از سه موج مهاجرت در این دوره نام می برند. اولین موج این مهاجرت اندکی پس از انقلاب به راه افتاد که مقصد اکثر آنها اروپا و آمریکا و اسراییل بود. دومین موج به سال‌های ۱۳۵۹ تا ۱۳۶۸ برمی گردد که ایران درگیر جنگ با عراق بود. سومین موج مهاجرت یهودیان ایران سال ۱۳۷۸ آغاز شد: در آن سال ۱۳ نفر از یهودیان شیراز به اتهام جاسوسی برای اسراییل دستگیر و محاکمه شدند، رویدادی که چشم‌انداز ادامه زندگی در کشور را برای شمار دیگری از یهودیان مبهم و تیره کرد.

آمار نشان می دهد که بیش از نیمی از یهودیان باقی مانده در ایران در تهران ساکن اند و مابقی در شهرهایی چون شیراز و اصفهان و شمار اندکی در یزد و همدان و دیگر مناطق پراکنده اند. بیشتر کلیمیان به دلیل دشواری های استخدامی به مشاغل آزاد رو می آورند. البته از نظر قانون منعی برای استخدام آنها در اکثر مشاغل وجود ندارد.

با تشکیل مجلس شورای ملی در دوران مشروطیت، اقلیت های دینی از کرسی نمایندگی برخوردار شدند و کلیمیان تا به امروز در همه دوره‌ها دارای نماینده بوده‌اند. پس از پیروزی انقلاب در ایران در

مجلس خبرگان قانون اساسی نیز نماینده کلیمیان ایران حضور فعال داشت. کلیمیان طبق قانون اساسی دارای یک نماینده در مجلس شورای اسلامی هستند.

حرکت های سیاسی، اجتماعی و شرعی جامعه کلیمی در سه چرخه مرجع دینی کلیمیان، نماینده کلیمیان در مجلس شورای اسلامی و هیئت مدیره انجمن کلیمیان تهران متمرکز است. هرگونه اعلام موضع یا پیگیری مسائل حقوقی، سیاسی و اجتماعی جامعه کلیمی از طریق نهادهای مذکور صورت میگیرد.

در کشوری که رئیس جمهورش...

در کشوری که رییس‌جمهورش هولوکاست را انکار می‌کند و شعار "مرگ بر اسراییل" ورد زبان شرکت‌کنندگان نماز جمعه است یک یهودی چگونه می تواند به راحتی زندگی کند؟ این سوال را خبرنگار یک روزنامه اتریشی (دی پرسه) که چند ماه پیش در ایران به سر میبرد از آرش آبایی سخنگوی جامعه یهودیان تهران و صاحب امتیاز ماهانه "بینا" تنها نشریه‌ای به زبان فارسی در مورد مسائل مختلف یهودیان انتشار می یابد پرسیده بود. آبایی در پاسخ گفته بود: "یهودیان ایران به این مسئله فکر می کنند که آیا باید کشورشان را ترک کنند؟ شمار زیادی از هم‌کیشان ما تا کنون این کار را کرده‌اند ." آبایی چندین کتاب در باره تاریخ یهودیت نوشته و ماهانه "بینا" را منتشر می کند.

سال ۲۰۰۲ که نویسنده مجاری، ایمره کرتس به خاطر رمان معروفش با نام "رمان بی سرنوشت‌ها" برنده جایزه ادبی نوبل شد، آرش آبایی در مجله بینا مقاله‌ای نوشت که به تجربه شخصی کرتس از هولوکاست و یهودی کشی در جریان جنگ جهانی دوم می پرداخت. پس از انتشار این مقاله، از طرف جمهوری اسلامی محترمانه به آبایی تذکر داده شد

که دور مسئله هولوکاست را خط بکشد و در باره آن چیزی ننویسد. این تذکر در دورانی به آبایی داده شد که هنوز محمد خاتمی رییس‌جمهور بود و نه احمدی نژاد، که هولوکاست را صراحتاً انکار می کند.

پیشینه تشویق برای مهاجرت

زمستان سال قبل بود که در پی تلاش های مشابه دولت اسرائیل در جذب ایرانیان یهود برای مهاجرت و زندگی در اسرائیل، وب سایت اینترنتی "آروتز شوا" در گزارشی در این باره نوشت: اقدام ها برای متقاعد کردن ۲۵ هزار یهودی برای خروج از این کشور بی فایده بوده است. به نوشته این گزارش، در ماه های اخیر "جامعه امداد مهاجرین عبری"، مقام های اسرائیل و برخی از رهبران فرق یهودی در آمریکا از یهودیان ایرانی خواسته اند تا به اسرائیل مهاجرت کنند. اما تاکنون با وجود اینکه به یهودیان ایرانی اجازه مسافرت به اسرائیل و همچنین خروج از کشور داده شده است اما اغلب آنها ترجیح می دهند تا در ایران به زندگی خود ادامه دهند.

سخنی با سخنگوی قوه قضائیه

* سه شنبه ۱۰ ژوئیه ۲۰۰۷

«سخنگوی قوه قضاییه خبر پلمپ دفتر ادوار تحیکم وحدت را تایید کرد و خبر داد که روز گذشته ۱۶ نفر بازداشت شدند که هیچ کدام دانشجو نبودند. علیرضا جمشیدی که در نشست خبری روز سه‌شنبه گفت و گو می کرد درباره پلمپ دفتر ادوار تحکیم وحدت و همچنین دستگیری های روز گذشته ۶ عضو شورای مرکزی دفتر تحکیم وحدت گفت: در اقداماتی که روز گذشته صورت گرفت، ۱۶ نفر دستگیر شدند؛ در یک فقره ۶ نفر و در یک فقره ۱۰ نفر که هیچ کدام دانشجو نبودند. » خبرگزاری های داخلی / سه شنبه ۱۹ تیرماه ۱۳۸۶

من واقعا منظور آقای جمشیدی از این سخنان را نفهمیدم. برخی پست ها در نظام جمهوری اسلامی دقیقا دنیا و آخرت انسان ها را به چالش می کشد. بسیاری از مدیران همین سیستم را می شناسم که از ترس آخرت ، از بسیاری چیزهای از جمله مقام در این دنیا گذشته اند. پست

کنونی جناب آقای جمشیدی نیز از همین نوع جایگاه ها است. پیش از این در فرصتی حضوری به سخنگوی سابق قوه قضائیه مرحوم کریمی راد دلسوزانه گفته بودیم در اظهار هر جمله و کلمه ای در این جایگاه محتاط باشند. زیرا این جایگاه بازی با دنیا و آخرت تان است و برایشان نمونه آوردیم و نشان دادیم که اظهاراتی که روزی اعلام کرده بودند و به اصطلاح از منابع مسول همان مورد هم کسب اطلاع و دریافت کرده بودند کاملا خلاف حقیقت بوده است و با اعلامش از زبان وی، در ظلمی بر مظلومی شریک شده اند و باید در قیامت پاسخگویش باشند.

امروز هم دلسوزانه به اقای جمشیدی می گویم - و می دانم در دلسوزانه بودنش شکی نخواهند کرد- در اظهارات خود دقت بیشتری داشته باشید و هر اطلاعاتی که از منابع مرتبط دریافت می کنید حجت ندادید و درصدی هم احتمال خطا و یا غرض را هم مدنظر قرار دهید.

در پرانتز پیشنهاد می کنم دستگاه سخنگو تحقیقی در مورد آنچه می گویم انجام دهد تا اگر واقعا دنیا را بر آخرت ترجیح نمی دهند - که نمی دهند - چاره ای در این زمینه بیاندیشند. من شخصا صدها مثال می توانم ارائه دهم از گفته هایی که از آن جایگاه بیان شد و بعدها حقیقت آن صدها فرسنگ از آن دور بود....

امیدوارم ایشان این شجاعت را هم داشته باشند که اشتباه را اصلاح و عذرخواهی کنند. زیرا معتقدم هیچ قدمی بالاتر از پذیرش اشتباه، انسان را سبکبال تر و در نزد حتی ظلم دیده گان عزیز تر نمی کند. شاید بهتر بود وی پای خود را در آب این استخر نمی گذاشت...

آیا جمهوری اسلامی قادر هست حتی مصلحت خود را تشخیص دهد؟

«به نام دموکراسی» کاری را کرد که انجامش سال ها زمان و هزینه بر می داشت

* پنج شنبه ۱۹ ژوئیه ۲۰۰۷

راستش این فیلمی که من دیدم تحت عنوان « به نام دموکراسی » در مجموع یکی از مفیدترین کارهایی بود که می شد از سوی جریان یا رسانه و یا دولتی در جهت تقویت دموکراسی انجام بشود. (البته اینکه انسانی را که ابزاری جز اندیشه و قلم ندارد را وادار به نشستن پای دوربین کنی غیرانسانی و جدا از کلیت این فیلم است.)

به چند نکته در این رابطه تیتروار اشاره می کنم:

- تلویزیون هنوز تاثیرگذارترین رسانه در کشور است (کلیت ۷۰ میلیونی را درنظر بگیرید).

- مستندی که پخش شد تاثیری بیش از خرج صدها میلیون دلار و یوروی هر کشور و نهاد خارجی (مورد ادعا) در گسترش گفتمان دموکراسی و حقوق بشر در لایه های مختلف جامعه ایران داشت.

- اکنون خواسته یا ناخواسته بخش وسیعی از جامعه ایرانی با مقولاتی چون « انقلاب مخملی»، « چگونگی انجام آن»، « نیروهای تاثیرگذار در چنین روندهایی از نظر طبقه مرجعیت اجتماعی » ، «میزان تاثیر خواست قدرت های دنیا در تحولات »اشنا شده‌اند و در یک کلام موضوعاتی که برای تزریق آن به بدنه اجتماع زمان فراوانی می طلبد در یک مستند که با تحلیل دیگری تهیه و پخش شده بود صورت پذیرفت.

- آیا جمهوری اسلامی قادر هست حتی مصلحت خود را تشخیص دهد؟ من که مدت هاست در این مورد نتیجه گیری ام را کرده ام......

رقابت حامیان دو قرائت از ولایت فقیه برای کرسی ریاست مجلس خبرگان

- یکشنبه ۲۲ ژوئیه ۲۰۰۷ -به نقل از روزآنلاین

در حالی که در روزهای اخیر خبرهای ضد و نقیضی از فوت آیت الله مشکینی رئیس ۸۶ ساله مجلس خبرگان رهبری در رسانه های ایران منتشر شده است اما جدا از صحت و سقم اخبار وضعیت آینده صندلی ریاست بالاترین نهاد سیاسی جمهوری اسلامی در راس گمانه زنی های محافل سیاسی و رسانه ای ایران قرار گرفته است.

آخرین خبر منتشر شده در مورد وضعیت سلامتی آیت الله مشکینی روزشنبه از سوی خبرگزاری های داخلی مخابره شد. در این خبر آمده است: " دکتر جعفر اصلانی، رئیس گروه درمانی آیت‌الله مشکینی، روز شنبه در خصوص وضعیت کلی ایشان گفت: وضعیت آیت‌الله مشکینی

نسبت به جمعه تغییر خاصی پیدا نکرده است و وابستگی ایشان به دستگاه‌ها و اوضاع ریوی وی، مانند دیروز است. دکتر اصلانی در این گفت‌وگو افزود: آیت‌الله مشکینی از ۵ سال پیش بیماری خونی داشتند که دو هفته پیش بیماری ایشان شدت پیدا کرد و عفونت وی به دلیل ضعف گسترش یافت و حتی در مواردی نیاز به دستگاه کمک تنفسی پیدا کرد. وی با بیان این که شرایط آیت‌الله مشکینی در روز پنجشنبه بسیار بحرانی بوده است گفت: اکنون در بخش ICU هستند و متأسفانه تغییری در بهبودی ایشان حاصل نشده است."

آنچه تقریبا از سوی بسیاری از آگاهان مورد تایید قرار گرفته است عدم ادامه حضور موثر علی مشکینی در مسند ریاست خبرگان رهبری است. این موضوع آنقدر با اهمیت است که از هم اکنون تلاش ها برای تعیین گزینه بعدی آغاز شده است. اما حقیقت این است که با بروز چنین وضعی چالش های پنهان در لایه های حاضر در خبرگان نمود بیشتری خواهند یافت و رودررویی ها که پیش از این اوج اش را در چهارمین دوره خبرگان شاهد بودیم یکبار دیگر سرباز خواهد کرد. درست همانجایی که دو جریان و دو برداشت از ولایت فقیه به صف آرایی در مقابل هم پرداختند. جریانی که هاشمی رفسنجانی را در سر لیست خود داشت و جریان دیگری که محمد تقی مصباح یزدی و شاگردانش هدایتگرش بودند هر چند روحانی پرنفوذ دیگری نیز در پشت پرده این جریان حضور فعالی داشت که با شکست سختی در انتخابات روبرو شد و آن کسی نبود جز آیت الله خوشوقت که از حامیان دولت کنونی و جریان مصباح در حاکمیت است. هر چند در این بین رابطه فامیلی وی با آیت الله خامنه ای نیز بر این نفوذ افزوده بود. با تمام این تفاصیل جریان هاشمی رفسنجانی در مواضع خود سعی می کرد تا تفسیری زمینی تر از ولایت فقیه ارائه دهد که با برخی جریان های اصلاح طلب نیز همپوشانی داشت و در آن سو جریان مصباح یزدی در

مسیر تفسیری آسمانی تر از این جایگاه سیاسی مذهبی در جمهوری اسلامی قرار داشتند.

محمد تقی مصباح یزدی به عنوان نظریه پرداز رادیکالی شناخته شده که از «رهبری فردی » یا «حکومت اسلامی» حمایت می کند و رفسنجانی که در سخنرانی های مهم خود در پیش و پس از چهارمین انتخابات خبرگان رهبری به صراحت از نظریه «رهبری شورایی» در برابر ایده«رهبری فردی» سخن گفته است. از دیدگاه کسانی چون مصباح یزدی ولی فقیه از جانب خدا نصب می شود و تنها وظیفه مجلس خبرگان کشف این فرد و اعلام آن به مردم است.

در حالی که هاشمی رفسنجانی در گفت وگو با مجله حکومت اسلامی بر «انتصابی بودن» رهبر به جای «اکتشافی بودن» تاکید کرده و از امکان بروز خطا در انتخاب رهبر توسط اعضای خبرگان سخن گفته بود: "البته معلوم نیست همیشه آن کسی که اصلح است، انتخاب شود. ممکن است در انتخاب اشتباه هم رخ بدهد؛ یعنی اکثریت اعضای مجلس خبرگان به یک فرد رای بدهند، اما در عین حال فرد اصلحی هم در جامعه وجود داشته باشد." او در همان مصاحبه گفته بود: "این طور نیست که در آنجا یک مکشوفی باشد و ما به آن مکشوف دست پیدا کنیم، بلکه کسانی هستند که صلاحیت دارند و خبرگان هم از میان آنها یک نفر را انتخاب می کند و ممکن است در این انتخاب اشتباه هم بکند. چون در خبرگان به ناچار ملاک رای اکثریت است و نظرات مخالف هم وجود دارد و قبول نظر آرای اکثریت یک قاعده عرفی معقول است."

هرچند نظریه «شورای فقها» یکی از چند روایت موجود درباره نظریه ولایت فقیه است و عدول از تئوری ولایت فقیه نیست ، اما به زعم برخی صاحب نظران شکل گیری چنین شورایی شاید بتواند گامی در

جهت زمینی کردن جایگاه ولایت فقیه و حل موضوع تمرکز قدرت در جمهوری اسلامی باشد. هاشمی رفسنجانی در همان دوران صریحا از شورای رهبری برای دوره بعد رهبری سخن رانده بود.اما در آن ایام جریان مصباح نیز ساکت نبودند و هر کاری برای حذف هاشمی رفسنجانی کرد. حتی از لیست انتخاباتی این جریان صریحا به نام "لیست منهای هاشمی و روحانی" یاد می شد.

هر چند در لیست انتخاباتی جامعتین که شامل جامعه روحانیت مبارز و جامعه مدرسین حوزه علمیه قم – مهمترین تشکل های محافظه کاران - است نام هاشمی رفسنجانی و محمد تقی مصباح در یک لیست دیده می شد. موضوعی که مصباح یزدی طی یک سخنرانی بدون نام بردن از فرد خاصی تلویحاً آن را مورد انتقاد قرار داد و گفت؛ "اگر کسی بگوید نه آقا ولایت امر، زمینی و با رای مردم است... آیا باید سکوت کرد. آیا توصیه بردار است که کسی بگوید شما بیایید با امریکا توافق کنید، چه توافقی؟ مساله مرگ و حیات است. او می گوید اگر این کار را نکنیم مرگ است و من می گویم اگر این کار را بکنیم مرگ است، حالا چه کار کنیم؟ اینجا جای توصیه نیست."

او به این ترتیب غیرمستقیم اعلام کرد مبانی فکری او و هاشمی جداست و رای به یک سرلیست جامعتین به معنای نفی سر دیگر فهرست است. اما این صف بندی ها موضوع چندان جدیدی هم در این مجلس نیست. در سال های آخر دوره سوم همین مجلس خبرگان بود که این چالش در نطق های علنی پیش از دستور اعضای این مجلس نیز نمود یافت. درست در روزهایی که برخی از نمایندگان نزدیک به اصلاح طلبان در خبرگان در پی طرح برای اصلاح آیین نامه خبرگان بودند برخوردهای لفظی در صحن علنی مجلس روی داد تا دو تفکر از دو برداشت از ولایت فقیه صف آرایی ها را آغاز نمایند و بعدها این شکاف در انتخابات های دیگر نیز پر رنگ تر شد.

در آن روز نیز هاشمی رفسنجانی به عنوان نائب رئیس مجلس خبرگان با محمد یزدی بر سر این مفهوم به چالش پرداخت. خاطر نشان می شود محمد یزدی رئیس سابق قوه قضائیه جمهوری اسلامی نیز در جبهه مصباح یزدی از آسمانی بودن ولایت فقیه پشتیبانی می کند و در دوره جدید مجلس خبرگان نیز به سمت نائب رئیسی دوم مجلس خبرگان پس از هاشمی رفسنجانی که نائب رئیس اول است انتخاب شده است. صف بندی ها در خبرگان هرچند بدون حضور روحانیون سرشناس اصلاح طلب در دوره چهارم آغاز بکار کرده است اما بنابر سابقه چندان پیش بینی قاطعی را نمی توان از جهت گیری های جریان ها داخل خبرگان داشت. به جز جامعتین ۴ لیست دیگر هم در آستانه انتخابات ارایه شده بود؛ نخبگان حوزه و دانشگاه (اسم مستعاری برای جریان شاگردان مصباح یزدی)، اصولگرایی و کارآمدی و حزب اعتماد ملی و کارگزاران به همراه خانه کارگر و حزب اسلامی کار از این جمله بودند. نتیجه این ۵ لیست راهیابی جامعتین با کمترین ردصلاحیت به مجلس خبرگان بود.

بر اساس آمارهایی که پس از انتخابات ارائه شد افرادی که ۶۷ کرسی را در خبرگان به خود اختصاص داده اند به همفکران «هاشمی رفسنجانی» و «اصلاح طلبان» نزدیکند اما با جریان مصباح یزدی نیز مراوده دارند. جبهه اصولگرایان رادیکال با محوریت شاگردان مصباح تنها ۲۹ نفر را روانه مجلس خبرگان کرد که البته اکثراً با لیست سایر گروه ها مشترک بودند. آنها به واسطه ردصلاحیت کاندیداهای ارشد خود، حضور پررنگی در انتخابات نداشتند و با ارایه فهرست ۱۱ نفره در تهران از بستن لیست در شهرستان ها صرف نظر کردند.به گفته آگاهان «علی رضا اسلامیان» عضو جامعه مدرسین که در لیست جامعتین بود با حمایت نخبگان حوزه و دانشگاه وارد مجلس خبرگان شد و هم اکنون جدی ترین حامی «محمد تقی مصباح یزدی» است. اما افراد نزدیک به اصلاح

طلبان مجلس با محوریت «اعتماد ملی » و «کارگزاران» توانستند ۵۷ کاندیدای مورد نظر خود را به مجلس خبرگان راهی کنند.

آنها از حامیان هاشمی رفسنجانی به شمار می روند و البته با جامعتین نیز نزدیکی هایی دارند.اصولگرایی و کارآمدی هم ۶۲ کاندیدای مشترک شان با گروه های دیگر را به صندلی های خبرگان رهبری فرستادند. اعضای شاخص این جریان «اسماعیلی، قائم مقامی، هادوی، قمی، نواب و فاضل گلپایگانی » هستند. در کارنامه این افراد که در نهادهای نمایندگی ولی فقیه در دانشگاه ها حضور داشتند ، نقد هایی به جریان هوادار آیت الله مصباح یزدی نیز دیده شده است.

بر اساس این چنین آمارهایی شده جریان روحانیون سنتی، اصلاح طلبان و جبهه اصولگرایی و کارآمدی اکثریت غالب در مجلس خبرگان هستند که بر عدم تغییرات در درون مجلس خبرگان و ادامه روند اعتدال وحدت نظر دارند و این صف بندی تا حدود زیادی به مشی هاشمی رفسنجانی نزدیک است و وزن موافقان او را سنگین تر کرده است. موضوع فوق در کنار تفاوت آرای اخذ شده محمد تقی مصباح یزدی و هاشمی رفسنجانی، موقعیت این دو روحانی در کانون توجه ها را بیشتر نشان می دهد؛ چنانچه اولی نزدیک به ۹۰۰ هزار رای را کسب کرد و دومی یک میلیون و پانصد هزار رای را به خود اختصاص داد.

نتایج انتخابات هیات رییس این مجلس در اسفند ماه گذشته، این واقعیت را نشان داد که مقبولیت هاشمی در این مجلس چندان کمتر از مشکینی نیست. در این انتخابات، مشکینی تنها نامزد ریاست بر این مجلس ۷۱ رای از ۸۰ عضو این مجلس را بدست آورد و هاشمی نیز که نامزد نایب‌رییسی بود، به ۶۵ رای از مجموع ۸۰ رای دست یافت. برخی معتقدند احتما بسیار کمی وجود دارد که این فاصله ۶ تایی که احتمالا متعلق به «مصباح یزدی » و همفکران او در مجلس خبرگان

است، بتواند آنقدر گسترش یابد که رقم مخالفان هاشمی را به نصف اعضای مجلس خبرگان برساند.

با این حساب، از حالا می توان حدس زد که اگر از بیرون از مجلس خبرگان مشکلی بر سر راه ریاست هاشمی به وجود نیاید، بعید است که وی در داخل این مجلس برای کسب رای لازم با مشکل مواجه شود. همین حساب سرانگشتی باعث شده بود که هواداران احمدی نژاد در آستانه انتخابات خبرگان تمام تلاش خود را برای قانع کردن مشکینی به نامزدی مجدد به کار بندند و او را از انصراف به علت بیماری منصرف سازند. در حالی که بیماری آیت الله مشکینی از دو سال پیش اوج گرفت و وی عملا حضور کمرنگ تری در عرصه داشت همین چالش بر سر ریاست و یا غلبه جریانی بر جریان دیگر در خبرگان سبب شد تا همه دست های برای وارد کردن مشکینی به انتخابات صورت گیرد تا تقریبا از پیش کرسی ریاست برای این آیت الله که از آغاز تشکیل این مجلس ریاست آن را برعهده داشت محفوظ نگاه داشته شود و نواب رئیس بین دو جریان تقسیم شود.

این روحانی ۸۶ ساله، در هیچ دوره‌ای برای تصدی ریاست تنها مجلسی که باید بر عملکرد شخص اول نظام نظارت کند، رقیبی نداشت. اما در عین حال در این ربع قرن، هیچ‌گاه خبری از اختلاف بین او و دو رهبر جمهوری اسلامی منتشر نشد، و بعید است که اختلافی هم در واقع وجود داشته باشد. گو اینکه مشکینی به رغم کهولت سن و جایگاه قانونی بالاتر، هر بار که اجلاس سالانه مجلس تحت مدیریت خود را تشکیل می داد، بلافاصله اعضای این مجلس را به دیدار رهبری می برد. این موضوعی است که بارها به طور ضمنی مورد انتقاد اصلاح طلبان قرار گرفته بود. جریان اصلاح طلب که معمولا از حضور در مجلس خبرگان محروم شده است، همیشه منتقد این موضوع بوده و از اینکه چرا اعضای مجلس خبرگان رهبری به جای اینکه رهبر را به جمع

خود احضار کنند و از او درباره عملکرد یک ساله خود توضیح بخواهند، به حضور وی می روند و در این دیدارها به جای بررسی عملکرد از او رهنمود می گیرند.

با این اوصاف هر چند در تحلیل ها بیشتر از دیگران نام هاشمی رفسنجانی و محمد تقی مصباح یزدی برای نشستن بر کرسی ریاست دیده می شود اما نباید از نام محمد یزدی که از افراد نزدیک به جریان مصباح که هم اکنون نیز سمت نایب رئیسی دوم را برعهده دارد غافل بود. روزهای آینده و نزدیک شدن به اجلاس آینده خبرگان دوره چهارم نشان خواهد داد در کش و قوس درون قدرت در جمهوری اسلامی کدام جریان سبقت گرفته است.

* این گزارش البته با حذف چند پاراگراف بدلیل بلند بودن با تیتر «رقابت برای ریاست مجلس خبرگان» در روزآنلاین یکشنبه یکشنبه ۳۱ تیر ۱۳۸۶

آیا مجری منتقد برکنار می شود؟

جنجال بر سر یک انتقاد به پلیس

* سه شنبه ۲۴ ژوئیه ۲۰۰۷-به نقل از روزآنلاین

"کوله پشتی" نام برنامه ای است که به مدت ۴ سال در مقاطع مختلف از شبکه سوم سیما پخش شد. آغاز این برنامه ۴ سال پیش با موفقیت روبرو شد و توانست میزان مخاطب قابل قبولی را به خود جذب کند.

برنامه ای که در گذر زمان از میزان مخاطب های خود کاسته بود، دو روز پیش با مصاحبه ای جنجالی با سردار محمد رضا رادان (فرمانده نیروی انتظامی تهران بزرگ) دوباره بر سر زبان ها آمد. این برنامه زنده تلویزیونی از خط قرمزهای مشخصی عبور کرد و به انتقاد از نحوه اجرای طرح های مبارزه با بدحجابی و جمع آوری اراذل و اوباش پرداخت. این مصاحبه که در دو قسمت و در دو شب پیاپی پخش شد، اعتراضاتی را از سوی روزنامه ها و سایت های جناح اصولگرا در پی داشت.

این در حالی بود که مجری برنامه کوله پشتی در این برنامه زنده به انتقاد صریح از طرح امنیت اجتماعی پرداخت و با ذکر نمونه های که می گفت شخصا شاهد آنها بوده سردار رادان را مورد پرسش های گزنده ای قرار داد. وی در این برنامه صریحا از تصاویری که چندی پیش از برخوردهای خشن نیروی انتظامی با زنان در خیابان شده بود نام برد و از فرمانده نیروی انتظامی تهران این پرسش را مطرح کرد که آیا این تصاویر را دیده است یا نه؟ که فرمانده نیروی انتظامی تهران بزرگ اعلام کرد چنین موردی را ندیده است. در پی آن مجری برنامه به این موضوع پرداخت که آیا پلیس حق دارد تعیین کند مصاذیق حجاب یا بدحجابی چیست یا نه؟ که این موضوع هم به چالشی تبدیل شد که وقتی سردار رادان به شرع رجوع کرد، فرزاد حسینی به حجاب زنان شیعه لبنانی اشاره کرد که آیا آنها هم شیعه هستند یا نه؟

در طول این برنامه زنده بار ها مجری برنامه با سوالات خود فرمانده نیروی انتظامی تهران بزرگ را مورد سوال ها گزنده ای قرار داد که تاکنون در سیما بی سابقه بوده است.

تذکر به مجری

در پی اعتراضات محافظه کاران، که نمونه هایی از آن در روزنامه کیهان و خبرگزاری فارس نمود یافت، مدیر گروه اجتماعی شبکه سوم سیما در گفت و گو با خبرگزاری فارس گفت: "فرزاد حسنی در برنامه زنده «کوله پشتی» برخورد مناسبی با رئیس پلیس تهران بزرگ نداشت و از سوی مسولان صداو سیما تذکر گرفت."

فضل الله شریعت پناهی مدیر گروه اجتماعی و فرهنگ و معارف شبکه سه سیما در این اظهار نظر یادآور شد: "مردم واکنش خوبی نسبت به برخورد فرزاد حسنی با سردار رادان نشان ندادند و تلفن هایی که به

سازمان صداو سیما شد و در پیام‌ها و ایمیل هایی که گذاشته‌اند به طرز صحبت کردن مجری برنامه معترض بوده‌اند. طرح دو موضوع شخصی نزد سردار رادان، کار را خیلی بدتر کرد البته جای جواب هم داشت و سردار رادان بزرگواری کرد و جواب نداد که به دلیل متانت ایشان بود."

وی در ادامه گفت: "قرار بود در برنامه دیشب جو ملایم‌تری باشد ولی اعتراضات همچنان باقی بود. در برنامه اول هم قبل از برنامه فرزاد حسنی با سردار رادان صحبت کرده بود و ما احساس کردیم سوالات هماهنگ شده و حول و حوش یک صحبت ۲ ساعته شالوده اصلی سوالات را درآورده بودند. طرح امنیت اجتماعی سوژه‌ای بود که همه مردم از آن استقبال کرده بودند حال اینکه یک مجری بخواهد اصول را زیر سوال ببرد و برخورد سلیقه‌ای و شخصی بکند جای تامل دارد و نباید انجام شود."

وی تاکید کرد: "از سوی مسئولان سازمان صداو سیما به فرزاد حسنی تذکر داده شد و خودش هم فهمید که پا روی خط قرمزهایی گذاشته است. ضمن اینکه ما اعتراضاتی هم از سوی نیروی انتظامی داشتیم. این خونسردی سردار رادان بود که مانع از به هم خوردن جو برنامه شد و مردم در تماسهای شان روی مظلومیت و وقار ایشان تاکید بسیاری کردند و آقای رادان حرمت یک رسانه و برنامه زنده را حفظ کرد."

مدیر گروه اجتماعی شبکه سه سیما در ادامه درباره ظاهر فرزاد حسنی به عنوان یک مجری در برنامه‌های سیما گفت: "در این مورد با خودش هم صحبت شده و شخصا نزد آقای میرباقری هم رفته‌اند و با ایشان هم صحبت کرده‌اند و بسیاری از مخاطبان هم در مورد آن اعتراض کرده اند."

وی در پایان گفت: "رفتار فرزادحسنی در برنامه های آتی کنترل خواهد شد و او خودش هم با توجه به جبهه گیری هایی که کرده بود متوجه شده و ملایم‌تر برخورد خواهد کرد."

از سوی دیگر فرزاد حسنی به طور جدی نیز مورد تهدید خلع از سمت خود قرار گرفت. رییس شورای نظارت بر سازمان صداوسیما طی نامه‌ای، اعتراض شدید این شورا نسبت به آنچه آن را شیوه برخورد بسیار نامناسب و توهین‌آمیز مجری برنامه تلویزیونی «کوله‌پشتی» با سردار رادان فرمانده نیروی انتظامی تهران بزرگ خواند به رییس سازمان صدا و سیما اعلام کرد.

به گزارش ایسنا، دکتر حسین مظفر در این نامه خطاب به مهندس ضرغامی تاکید کرد: "برخورد بسیار نامناسب و توهین‌آمیز مجری برنامه با سردار رادان فرمانده محترم نیروی شجاع و اخلاقی انتظامی تهران، تمسخر طرح امنیت اجتماعی، مطرح کردن سخنان و مطالب کنایه‌آمیز در رابطه این طرح خداپسندانه و مورد رضایت مردم، طرح دیدگاه‌های شخصی خود به جای نظر مردم موجب وهن بوده و شدیدا مورد اعتراض است."

رییس مجمع نمایندگان تهران مطرح کرد: "مخدوش کردن تلاش‌های صادقانه و فداکارانه نیروهای شجاع نیروی انتظامی توسط مجری این برنامه، همراه با نوع نگاه و اداهای تصویری ایشان شایسته یک مجری رسانه‌ی ملی در نظام اسلامی نبود."
رییس شورای نظارت بر سازمان صدا و سیما در پایان این نامه از رییس سازمان صدا و سیما خواست "با توجه به تکرار این گونه حرکات در برخی برنامه‌های دیگر توسط مجری مذکور که موجب نارضایتی شهروندان عزیز را به دنبال داشته است، موضوع سریعا رسیدگی و

نتیجه اقدامات به شورای نظارت منعکس شود."

انتقاد روزنامه های محافظه کار

در پی پخش برنامه دیشب کوله پشتی با حضور سردار رادان فرمانده نیروی انتظامی تهران بزرگ و زیر سوال بردن برخی اقدامات این نیرو در اجرای طرح افزایش امنیت اجتماعی، رسانه‌های محافظه کار نیز به انتقاد از این برنامه پرداختند.

روزنامه "کیهان" هم گزارش کرد برخی نمایندگان اصولگرای مجلس نیز از این برنامه اعلام نارضایتی کردند. در این روزنامه آمده است: "تعدادی از نمایندگان مجلس شورای اسلامی با انتقاد از برخورد توهین آمیز مجری برنامه تلویزیونی کوله پشتی با فرمانده نیروی انتظامی تهران از طرح امنیت اجتماعی حمایت کردند. "

کیهان در ادامه خبر خود نوشت: "این نمایندگان در حاشیه جلسه علنی دیروز در گفت وگویی با اشاره به برنامه اخیر کوله پشتی که با حضور سردار رادان برگزار شد، اظهار داشتند: متأسفانه مجریِ این برنامه با طرح مطالب کنایه آمیز به گونه ای رفتار کرد که اولاً دون شأن رسانه ملی بود و ثانیاً فرمانده زحمت کش نیروی انتظامی تهران و طرح امنیت اخلاقی به نوعی به مسخره گرفته شدند. "

"جمهوری اسلامی" در این خصوص نوشت: "برنامه شب یکشنبه کوله‌پشتی به صحنه محاکمه و توهین به فرمانده نیروی انتظامی تهران بزرگ به خاطر اجرای طرح امنیت اجتماعی تبدیل شد. متاسفانه صدا و سیما به جای دفاع از طرح امنیت اجتماعی، در این برنامه زنده عملا به حمایت از مظاهر فساد و پوشش‌های مبتذل پرداخت و مجری با طعنه و کنایه و نیشخند با سردار رادان روبه‌رو شد."

هم‌چنین جوان از احضار رییس شبکه ۳ به خاطر برنامه فوق خبر داد: "رییس سازمان صدا و سیما پورمحمدی رییس شبکه ۳ سیما را احضار کرده و در این خصوص به شدت از وی انتقاد کرده است. "

"سیاست روز" نیز در مطلبی نوشت: "هنوز برخی از مجریان صدا و سیما تعریف و مصداق روشنی از برخورد انتقادی و بی‌ادبانه ندارند و در برخی اوقات این دو مقوله را با هم اشتباه می گیرند. متاسفانه شیوه نادرست و اشتباهی که در تلویزیون رسم شده است این است که تا یک مجری در برنامه‌ای موفق نشان می‌دهد دچار توهم می‌شود و آن وقت است که گمان می کند می‌تواند از تمامی مرزها فراتر رود. به ویژه این‌که مورد تمجید مسوولی هم قرار بگیرد!"

مجری برکنار می شود؟

اخبار جسته و گریخته رسیده از صداوسیما حکایت از آن دارد که «فرزاد حسنی» مجری برنامه «کوله‌پشتی» به دلیل طرح سؤالات انتقادی از سردار رادان فرمانده نیروی انتظامی تهران بزرگ شغل خود را از دست خواهد داد. منابع نزدیک به برنامه «کوله‌پشتی» دراین‌باره به سایت "نوروز" اطلاع داده‌اند که در پی واکنش مطبوعات و سایت‌های تندرو جناح حاکم به نحوه اجرای حسنی در دو برنامه اخیر کوله‌پشتی که به اجرای طرح امنیت اجتماعی اختصاص داشت، مسؤولان صداوسیما تصمیم به برکناری وی گرفته‌اند.

گفتنی است در برنامه شب گذشته نیز سعید مرتضوی در برنامه حاضر شد که به نسبت سایر برنامه ها زودتر از طبق روال به پایان رسید و ادامه آن به امشب موکول شد.

سخنی با رئیس قوه قضائیه

* یکشنبه ۲۹ ژوئیه ۲۰۰ - به نقل از روزآنلاین

می دانم سال هاست در این مملکت نوشتن از حقایقی چون خورشید عیان، "تشویش اذهان" و "اقدام به سیاه نمایی" تعبیر می شود و به راحتی آب خوردن احکامی را در پی دارد که کمترین شان زندان است و محرومیت های پنهان و آشکار.

مدت هاست که در این سرزمین کوروش تاریخ پر از صفحات سیاه است که یادآوری شان عرق شرم را بر پیشانی انسان هایی که غم ملک و ملت دارند می نشاند.

مدت هاست که با نام مصلحت قربانیان به قربانگاه برده می شوند و ما

همه عادت کرده ایم تنها این بخش از مذهب مان را احیا کنیم که بر جسدها روضه بخوانیم و ناله سر دهیم.

مدت ها است در این مرز و بوم هر نسلی تاوان نسل های دیگری را می دهد که برایش از پیش ساخته اند یا ویران کرده اند. و ما چون چغدان محکوم به نشستن بر ویرانی هایی هستیم که برایمان برجا گذاشته اند.

از کجا باید گفت که هر چه می خوانیم درد و رنج ملتی است که حاکمانش در خیال خود برایشان بهشت ساخته اند.
لابد هرچه برخلاف میل اینان است عاری از حقیقت است. رئیس دولتش که با هزار اما و اگر به کرسی رسانده شده است و در عوام فریبی بی رقیب مانده به راحتی آب خوردن در رسانه ملی جوانان در بند را "میکروب" می نامد و حتی اگر ادعای مسلمانی هم دارد فکر روز قیامت خود را هم نمی کند.

چشمان بسیاری در این سرزمین بجای آنکه بازتر شده باشد درحال کور شدن است. همه چیز را آنگونه که خود می خواهند می بینند و این خیال را حقیقت انکار ناپذیر می پندارند. و هر که غیر از آن بیاندیشد را ضد حقیقت و محکوم به نابودی می داند.

دیوارهای انسانیت مدت هاست در این مرز و بوم نه تنها ترک خورده، که فرو ریخته است. و از آن دین رحمان و رحیم، خون و شمشیر بجا مانده است. براستی به کجا چنین شتابان؟
خطابم همه آنانی است که به هر نوعی در حکومت نقشی دارند. خطابم به مقامات عالی نظام است. خطابم به رئیس قوه قضائیه است که این روزها می دانم در گرداب بدی گرفتارش کرده اند. خطابم به مقامات و تئوریسین های نهاد امنیتی است.

آیا می دانید چه می کنید؟ در آن زندان ها چه دارید بر سر جوانان این خاک می آورید؟ حتما باز هم خواهید گفت همه ادعاها دروغ است و جو سازی. اما حداقل صاحب این قلم که تجربه مشابه ای داشته ام باور می کنم که در آن چهاردیواری ریا و تزویر و ستم هر چیزی ممکن است. نه تنها من که صفحات تاریخ بهترین شاهدان ان است و در آینده نیز پنهان نگاه داشته شده ها نیز عیان خواهد شد.چه تا وجدان های بیدار هستند حقیقتی پشت ابر نخواهند ماند.

بر مظلومیت علی (ع) باید گریست که حاکمان مدعی پیروی اش اقتدار علی را تنها در شمشیرش یافته اند.بر حال روحانیون حاشیه نشین باید گریست که با سکوت خود به مذهبی که پیروش هستند مدتهاست پشت کرده اند.
بر همه نیروهای سیاسی باید خورده گرفت که با سکوت خود همراه ظلم شده اند.

آیت الله شاهرودی!

چون می دانم شما در دل دغدغه حکومت و عدالت علی را دارید خطابم با شماست. یک بار هم که شده مصلحت را بکناری نهید و همانگونه که بارها تاکید کرده اید از شب اول قبر بترسید و در پیشگاه خداوند سربلند باشید نه در پیشگاه قدرتمداران. "به همان زندان صعب العبور (بند ۲۰۹) بروید و اگر واقعا می خواهید خداوند از شما راضی باشد پای سخن دربندان بنشینید و رسما تضمین بدهید و حقیقت را بشنوید. من می دانم اگر بدانید ذره ای از مسیر عدالت و تقوا زیرمجموعه تان خارج شده اند حق را خواهید ستاند. که اگر غیر این باشد وای بر شما و همه آنانی که اسلام و شیعه را در ذهن ها به خون کشیده اند.

جای دوری نیست و در اختیار شما نیز است. می دانم که می دانید وقتی

توهم و سیاست به قضا و دادرسی وارد شود اولین قربانی آن عدالت واقعی است نه آن عدالتی که بر پرده ها و شعارهای این و آن گوش فلک را کر کرده است. فراموش نکنید کسانی که هر روز با بهانه ای سرکوب و زندان برده می شوند آموختگان و پرورش یافته گان همین انقلاب و همین نظام هستند. ایا نباید این پرسش را از خود کنید که چه کرده اید که با آن همه آرمان و اعتقادات امروزیان در مسیر شما نیستند."

در این حکومت نه کسی می تواند انقلاب مخملی و آبی و قرمز صورت دهد و نه کسی می تواند امنیتی گورستانی مهیا سازد.
و این رهروان راه دوم هستند که مسیر راه اول را هموار می کنند....

کیهان از موضع سناریو نویس تشریح کرد

اهداف تهیه "به نام دموکراسی"

* سه شنبه ۳۱ ژوئیه ۲۰۰۷_ به نقل از روزآنلاین

روزنامه کیهان دیروز با انتشار سرمقاله ای "آیینه شکستن خطاست!" خواسته یا ناخواسته پرده از نقش گردانندگان خود در ماجرای بازداشت، اعتراف گیری و تهیه فیلم اعترافات هاله اسفندیاری، کیان تاجبخش و رامین جهانبگلو برداشت.

سرمقاله نویس روزنامه کیهان که به بهانه نقد عملکرد گروه های سیاسی داخلی که نسبت به پخش این اعترافات معترض بودند به تشریح روند و هدف اصلی تهیه برنامه "به اسم دموکراسی" پرداخت.

در سرمقاله کیهان آمده است: "به طور بسیار خلاصه، برنامه به اسم دموکراسی قصد داشت نشان دهد آمریکایی ها چطور با استفاده از برخی

ابزارها و زمینه های خاص، وقوع انقلاب های نرم در برخی کشورهای معارض با خود را برنامه ریزی، تدارک و اجرا می کنند."

نویسنده یادداشت با ادعای تلاش نهادهای مختلف امریکا در جهت اجرای پروژه "براندازی" می نویسد: "برنامه «به اسم دموکراسی » تلاش کرد با مطالعه مستند برخی نمونه های انجام شده این انقلاب ها در کشورهای آسیای میانه و تقاطع دادن این مطالعه مستند با اعترافات چند تن از عواملی که در بلندمدت به دنبال شبیه سازی آن انقلاب ها درایران بوده اند، هم پروژه به راه انداختن انقلاب مخملی درایران را افشا کند و هم اشراف اطلاعاتی نهادهای امنیتی نظام جمهوری اسلامی به تازه ترین تحرکات دشمن را به رخ بکشد."

این درحالی است که در زمان پخش این فیلم مقامات ارشد قضایی افراد به نمایش در آمده در فیلم را کارشناس دانسته و تاکید کردند این سخنان "اعترافات متهمان" نیست.

کیهان هدف برنامه "به اسم دموکراسی" را طرح سه مقوله دانست که پیش از این و پس از بازداشت این افراد در خبرها و یادداشت های همین روزنامه بارها از آن یاد شده بود.

سرمقاله نویس کیهان در توضیح بند اول این اهداف می نویسد: "دعوت از نخبگان، دانشگاهیان کشورهای معارض آمریکا توسط بنیادها، دانشگاه ها و مراکز پژوهشی اروپای غربی و آمریکای شمالی و سپس به تدریج سوق دادن آنها به سمت برخی پژوهش های خاص."

کیهان "جذب ناراضیان سیاسی و فراهم آوردن امکان آموزش و تحصیل آنها" را بند دوم و "بازگرداندن افرادی که در بندهای یک و دو از چگونگی جذب آنها سخن گفتیم به کشورهای خود و مأمور ساختن آنها به تشکیل

انواعی از سازمان های غیردولتی(NGO) و تلاش این NGOها برای جذب، سازماندهی، آموزش و حمایت مالی هرچه وسیع تر از افرادی که انگیزه کافی دارند تا در یک روز مبادا برای هدفی خاص بسیج شوند" را بند سوم این اهداف برمی شمرد.

روزنامه کیهان با تشریح اهداف پروژه اعتراف گیری در این سرمقاله به آنجا می رسد که جبهه مشارکت را مورد انتقاد قرار می دهد اما خواسته یا ناخواسته از نقش خود در تهیه سناریو و مراحل اجرایش نیز پرده بر می دارد.

کیهان در بخش های پایانی این سرمقاله با استناد به اطلاعیه جبهه مشارکت در اعتراض به پخش اعترافات از سیما این حزب اصلاح طلب را در جهت سیاست های اجرای پروژه "انقلاب مخملی" دانست.
لازم به یادآوری است دفتر سیاسی جبهه مشارکت در روزهای پایانی تیرماه و در پی پخش اعترافات متهمان دربند از سوی سیما و در برنامه به نام "به نام دموکراسی" اطلاعیه اعتراض آمیزی را منتشر کرد.

این حزب در بیانیه خود وقوع انقلاب‌های مخملی را ثمره دیکتاتوری ارزیابی کرده و یادآور شده بود: "این نوع برنامه‌ها را بیش از هر چیز دارای مصرف داخلی و در جهت سیاست‌های محدودکننده و اقتدارگرایانه جریان حاکم در آستانه انتخابات مجلس است".

در اطلاعیه این جبهه آمده بود: "هیچ بهانه ای نمی توان اصل شعارها و اهداف اصلاحات چون حق حاکمیت مردم، دموکراسی، حقوق بشر، توسعه، جامعه مدنی، آزادی بیان، برابری حقوقی و سایر شعارهای اصلاحات را زیر سوال برد و به بیگانگانی که با شاغول منافع خود گاه از دموکراسی و گاه از دیکتاتوری حمایت می‌کنند نسبت داد".

در همین حال سخنگوی دولت ایران ضمن دفاع از پخش این برنامه، سه نفری را که در این برنامه صحبت کردند مجرم دانست و هرگونه فشار برای اعتراف گیری از آنان را رد کرد.

درحالی متهمان دربند از سوی مقامات دولتی و رسانه های همسو "جاسوس" خوانده می شوند که هنوز در هیچ دادگاهی چنین اتهاماتی به اثبات نرسیده و متهمان به وکلای خود دسترسی ندارند.

سیاستمدار یا روزنامه نگار؟!

*دو شنبه ۱۳ اوت ۲۰۰۷ - به نقل از روزآنلاین

امسال نیز به مانند چندین سال گذشته روز خبرنگار در ایران که بیاد "مرگ محمود صارمی خبرنگار خبرگزاری جمهوری اسلامی" نام گذاری شده است، گذشت. در حالی که وضع روزنامه نگاری و روزنامه نگاران در ایران همچنان از معیارهای حداقلی استاندارد دنیا هم پایین تر است.

اگر در این فرصت بخواهیم نگاهی آسیب شناسانه بر آنچه پس از وزیدن نسیم اصلاحات در ایران برای روزنامه نگاری روی داد، بیاندازیم باید سرنخ را در نسبت دو مقوله و دو عرصه جستجو کنیم؛ نسبت روزنامه نگاری و سیاستمداری و نسبت روزنامه نگار و سیاستمدار.

آنچه در این سال ها بیش از همه به فعالان این عرصه آسیب رساند خلط شدن آگاهانه و گاه نا آگاهانه عرصه سیاستمداری و عرصه روزنامه نگاری بود. گاه مردان سیاست به پر کردن فضای روزنامه نگاران مبادرت

ورزیدند و گاه نیز روزنامه نگاران ردای سیاستمداری بر تن کردند.

غافل از آنکه این دو عرصه علی رغم اشتراکات مقطعی، در بنیان با هم متفاوت بوده و هستند. سیاستمداران در ذات خود "مصلحت گرا" یند اما روزنامه نگاران باید در ذات خود "حقیقت گرا" باشند.

سیاستمداری مقتضیات و ملزوماتی را اجبارا در پی دارد که روزنامه نگاری را به آن راهی نیست و روزنامه نگاری را نیز تعهداتی شامل می شود که با سیاستمداری بیگانه است.

اما همیشه و در همه دوران ها این دو در کشاکش و بده بستان بودند که البته آنکه بیشترین حاصل را برد "سیاستمدار" بود و آنکه هزینه ها را بر دوش گرفت" روزنامه نگار".

اما در ایران معاصر و بخصوص در سال های اصلاحات خواسته یا ناخواسته سیاستمداران بر روزنامه نگاران غلبه یافتند و در فراز و فرودهای سیاست، روزنامه نگاران در صف جلوی "لشکر"، سپر شدند و هزینه ها پرداختند.

در حالی که اوج هزینه واریز شده به حساب سیاستمداران از دست دادن جایگاه و صندلی در قدرت بود و زندان و محرومیت و سختی های معیشتی زندگی و گاهی نیز "مرگ" سهم روزنامه نگاران.

در این سال ها نیز کمتر کسی از این دو عرصه به این صورت مساله ساده پرداخته است که " اصولا آیا در ایران یک روزنامه نگار باید سیاستمدار هم باشد یا نه؟"

بسیاری از سیاستمداران حاضر در عرصه روزنامه نگاری براحتی دوران سخت گذار در عصر حاضر را توجیه این تداخل می خوانند و به راحتی پاسخ می دهند "بله! روزنامه نگاری در ایران کار سیاسی است و بخشی از سیاستمداری". اما براستی آیا چنین است؟ چه کسانی باید این پاسخ ها را شفاف تر کند؟ هر چند تفاوت اندکی را می توان بین سیاستمداری و کار سیاسی برشمرد اما میان سیاستمداری و روزنامه نگاری تفاوت های فراوانی را می توان فهرست کرد.

از دیر باز همین تداخل و یا خلط ها عاملی بوده تا در زد و خورد های سیاسی افراد جلوی صف در ردیف اولین قربانیان باشند. بخصوص در جوامع و حکومت هایی که دریچه های تخلیه انرژی و تحول در آن یا وجود نداشته و یا کم سو بودند. در چنین سیستم هایی به راحتی "توهم" فضای سیاست را مملو از ابهام و اتهام می کند و در کورسو زدن های این فضای تیره و تار همه جا و همه کس در سوی مقابل قرار می گیرند و مستوجب کیفر.

یک جریان، جریان دیگر را تهدید می پندارد و دیگری از کنار سایه خود هم با وحشت می گریزد. و درست در همین جاست که آسیب ها بر سر روزنامه نگاران در فضای مشترکی با سیاستمداران برای زندگی مسالمت آمیز برگزیده اند سرازیر می شود و آنان می شوند آسان ترین طعمه.

اما آیا اگر در چنین تعاملی، سیاستمداران نیز مانند روزنامه نگاران "وفادار" بودند چه؟ تجربه دوران اخیر بر همه این موضوع را آشکار کرده است که روزنامه نگاران در سخت ترین لحظات نیز به عهده هایی که هر چند به دور از فلسفه حرفه ای خود بسته بودند بسیار بیشتر از آنکه در کاغذ نوشته شده بود "وفادار" ماندند. اما آیا سیاستمداران نیز اینچنین بودند؟ البته همیشه و در همه جا استثنا هایی وجود داشته و خواهد داشت اما قاعده چیز دیگری را نشان مان می دهد.

آیا زمان آن فرا نرسیده که حاضران هر دو میدان (سیاستمداری و روزنامه نگاری) به این نسبت ها بپردازند؟ پیش از آنکه توفان سیاست، کشتی روزنامه نگاری را غرق کند.

توضیح: در این نوشتار مقصود از سیاستمداران و روزنامه نگاران بدور از دسته بندی های مرسوم سیاسی ایران است و همه کلیت از هر نگاهی را شامل می شود.

واکنش به تصفیه استادان دانشگاه

"چرا استاد لیبرال در دانشگاه حضور دارد؟"

* یکشنبه ۲۶ اوت ۲۰۰۷ - به نقل از روزآنلاین

یکسال پیش در چنین ماهی بود که محمود احمدی نژاد در"جمع جوانان برگزیده کشور" گفت: "دانشجو باید امروز در دانشگاه بر سر رییس‌جمهوری فریاد بزند که چرا استاد لیبرال و سکولار در دانشگاه ها حضور دارد"، و تنها مدتی کوتاه زمان لازم بود تا موجی از صدور احکام اخراج و بازنشستگی برای بسیاری از اساتید برجسته کشور آغاز شد.

موجی که در هفته اخیر با صدور حکم های اخراج جدیدی جمعی دیگر از سرشناسان عرصه دانشگاه را خانه نشین کرد. سایت "آفتاب" از اولین رسانه های داخلی بود که خبر از احکام جدید داد. آفتاب در خبر خود نوشت:" برخی اخبار رسیده از برکناری و اخراج برخی از اساتید مخالف سیاست‌های دولت، در آستانه بازگشایی دانشگاه‌ها، حکایت دارند."

در پی آن، سایت های مختلف از اخراج دکتر حسین بشریه، دکتر بهزاد شاهنده، دکتر هادی سمتی و دکتر میرجلال‌الدین کزازی خبر داده و افزودند که حکم اخراج این اساتید مجرب و باسابقه از جانب عمید زنجانی، رئیس دانشگاه تهران به آنان ابلاغ شده است.

دکتر حسین بشیریه را پدر جامعه‌شناسی سیاسی ایران می خوانند، که نه تنها فضای آکادمیک ایران در سالهای اخیر تحت تاثیر اندیشه و آثار ایشان بوده که بسیاری جریان دوم خرداد را محصول اندیشه های این استاد علوم سیاسی میدانند. چه اینک بسیاری از اساتید علوم سیاسی و نیز تئوری پردازان سیاسی ایران زمانی شاگردان او بوده‌اند.

در همین حال چندی پیش خبری نیز مبنی بر اینکه حسین بشیریه برای همیشه از ایران می رود نیز قوت گرفته بود چرا که همان زمان اخباری منتشر شد که حسین بشیریه از یک کشور خارجی تقاضای اقامت دائم کرده و این در حالی بود که این استاد دانشگاه تهران برای گذران یک فرصت مطالعاتی از کشور خارج شده بود و بارها تاکید کرده بود که به هیچ وجه حاضر نیست صندلی استادی خود در دانشگاه تهران را از دست بدهد. هر چند پیشنهادهایی از سوی دانشگاه جرج تاون امریکا به وی داده شده بود، اما شایعه خروج وی از ایران و اقامت وی در خارج از کشور با بازگشت دکتر حسین بشیریه رنگ باخت.

به علاوه، دکتر هادی سمتی استاد برجسته روابط بین‌الملل که در سالهای اخیر در محافل آکادمیک خصوصا در محافل علمی خارج از کشور به طور جدی منبعی برای تحلیل و شناخت مسائل ایران بوده است، و دکتر بهزاد شاهنده نیز، برجسته‌ترین استاد متخصص مسائل شرق آسیا و چین.

نکته قابل توجه این است که این سه استاد صاحب کرسی در دانشگاه

در یک سال اخیر به واسطه فرصت مطالعاتی در دانشگاه های خارج از کشور به تحصیل یا تدریس مشغول بوده اند، و اینک که به سر کار بازگشته اند تا به تدریس بپردازند با حکم اخراج به دلیل غیبت مواجه شده‌اند! آنها متهم هستند که یک یا دو ترم بیش از فرصت مطالعاتی یک ساله خود، در دانشگاه‌های خارجی به مطالعه و تدریس اشتغال داشته‌اند.

اعتراض در دانشگاه تهران

انتشار خبر این احکام برای اساتید برجسته و محبوب عرصه دانشگاه واکنش های فراوانی را در پی داشت. از جمله انجمن اسلامی دانشکده حقوق و علوم سیاسی دانشگاه تهران دیروز با صدور بیانیه ای به موج جدید برکناری اساتید اعتراض کرد. در بخش هایی از این بیانیه که وب سایت نوروز آن را منتشر کرده ، آمده است: "دانشگاه این روزها سخت‌ترین روزها را پشت سر میگذراند. هرچند در این مرز و بوم نهاد علم همواره مورد تعدی و تجاوز نهاد قدرت بوده است. صاحبان قدرت هیچ‌گاه تیغ نقد صاحبان اندیشه را تحمل نکرده‌اند و همواره علم را دربند و محصور خواسته‌اند. در دوسالی که از به قدرت رسیدن صاحب منصبان جدید میگذرد، دانشگاه تجربه تلخ روزهای فشار و تحدید را تجربه میکند. زمزمه‌های انقلاب فرهنگی دوم، حذف اساتید دگراندیش و اسلامی کردن دانشگاه از زبان تازه به قدرت رسیده‌ها به گوش میرسد. این روزها سینه دانشگاه مالامال درد است ای دریغا مرهمی! "

اعضای این انجمن در بیانیه خود می افزایند:"هنوز سنگینی ستاره‌ها بر شانه‌های دانشجویان سنگینی میکند و هنوز دانشجویان دربند به تمامی آزاد نشده‌اند. هنوز زخم «بازنشستگی اجباری» درمان نشده است که ضربتی دیگر بر پیکره علم و دانشگاه وارد میشود."

در ادامه این بیانیه آمده است: "همین دیروز بود که تعدادی از اساتید برجسته حقوق و علوم سیاسی به حکم بازنشستگی خانه نشین شدند. دکتر درودیان استاد صاحب کرسی حقوق مدنی ایران، دکتر رئیس طوسی استاد صاحب کرسی اقتصاد سیاسی نفت و دکتر ساعی استاد صاحب کرسی مسائل جهان سوم، مشمول حکم بازنشستگی شدند.هنوز درد این خانه‌نشینی تسکین نشده بود که اینک اخباری در مورد اخراج سه تن از اساتید دیگر صاحب کرسی علوم سیاسی شنیده میشوند.دکتر بشیریه، دکتر سمتی و دکتر شاهنده."

در پایان این بیانیه دانشجویان یادآور می شوند:"از مسئولین که این حکم را صادر کرده‌اند باید پرسیده شود که در غیاب این اساتید، رشته علوم سیاسی به چه منظور تداوم میابد؟ آیا اساتیدی که بعضا با هزینه شخصی به مسافرت رفته تا دانش خود را به سطح دانشگاه های دنیا برسانند باید اینگونه برخورد شود؟ سوال اصلی این است که اگر قرار است هر روز یکی از اساتید علوم سیاسی به بهانه‌ای از دانشگاه خارج شوند بهتر نیست رشته علوم سیاسی در ایران تعطیل شود تا کسی به زحمت اخراج و بازنشسته کردن نیز نیفتد؟"

سابقه

روند خانه‌نشینی اساتید برجسته از سال گذشته و با بازنشستگی بیش از ۴۰ عضو هیات علمی دانشگاه تهران آغاز شد که به گفته عباسعلی عمیدزنجانی رییس دانشگاه تهران مشکلات جسمی، فکری و مشکلات زندگی عامل صدور حکم آنان بوده است. استادانی از سوی رئیس روحانی دانشگاه تهران "غیرممتاز " نامیده شدند که در فهرست بازنشسته‌شده‌های اجباری اساتید برجسته‌ای چون محمد مجتهدشبستری، عالم‌زاده و علیآبادی از دانشکده الهیات و حسنعلی درودیان، احمد ساعی، سیدعلی آزمایش، آشوری، صفایی، رضا رییس‌طوسی و عراقی از دانشکده حقوق

و علوم سیاسی به چشم میخورد. رییس دانشگاه تهران در همان روزها این اساتید را چنین بدرقه کرد:" استادان ممتاز در فهرست بازنشستگان نیستند."

رییس دانشگاه تربیت مدرس هم در دو ترم تحصیلی گذشته تعدادی از روسای دانشکده‌ها، مسوولان گروه‌های آموزشی و استادان باسابقه را برکنار کرد. ازجمله این موارد، اخراج محسن کدیور از دانشکده فلسفه دانشگاه تربیت مدرس بود که پس از برخوردهای چندمرحله‌ای صورت گرفت. اساتید منع تدریسی تربیت مدرس علاوه بر کدیور مسافران دیگری نیز داشت؛ سعید حجاریان، محمدتقی احمدی، ابوالفضل شکوری، هاشم آقاجری، مسعود غفاری، حاتم قادری و...

پیش از آنها نیز اساتید دیگری چون حسن نمک دوست نیز سرنوشت مشابهی پیدا کرده بودند. البته به نوشته روزنامه اعتماد هر چند دکتر میرجلال الدین کزازی استاد زبان و ادبیات فارسی دانشگاه علامه همزمان با قوت گرفتن خبر برکناری اش می گوید که "اخراجی در کار نیست و من خود درخواست بازنشستگی کردم چون زمان تدریس من به پایان رسیده است و لازم است پس از ۳۳ سال پیشینه تدریس در دانشگاه درخواست بازنشستگی کنم. "

دکتر کزازی در حالی این بازنشستگی را بازنشستگی پیش از موعد و اجباری نمی داند که هنوز معلوم نیست که چرا استاد مسلمی که بین دانشجویان بسیار محبوب است قصد کناره گیری و بازنشستگی دارد؟ زیرا دکتر میرجلال الدین کزازی استاد دانشگاه علوم، استادی است که به گفته خود و بسیاری از شاگردانش عاشق ادبیات و تدریس است و بسیاری از استادان زبان و ادبیات فارسی از شاگردان وی هستند...

کنترل بیشتر بر اساتید

از سوی دیگر، در اواخر هفته پش، انتشار خبر صدور بخشنامه ای از سوی وزارت علوم برای هماهنگی اساتید برای سفر خارج از کشور با حراست دانشگاه نیز تعجب بسیاری را در پی داشت.

سایت بازتاب ضمن انتشار این خبر نوشت: " بنا بر این بخشنامه، اساتید دانشگاه‌ها موظف شده‌اند تا هرگونه سفر خود به خارج از کشور را علاوه بر سفرهایی که به عنوان فرصت مطالعاتی یا سفرهای علمی و پژوهشی با هزینه دانشگاه به خارج از کشور انجام میدهند، به حراست دانشگاه متبوع خود، اعلام کنند." بنابر همین گزارش " این سفرها، شامل سفرهایی است که با هزینه مؤسسات دیگر (غیر از دانشگاه) انجام می شود و حتی سفرهای سیاحتی، زیارتی و شخصی نیز در این زمره هستند."

موج جدید محدودیت ها در عرصه دانشگاه در حالی با برکناری برخی از اساتید افزایش یافته که از مدتی پیش نهاد ها امنیتی در تحلیل های خود صریحا اساتید دانشگاه ها و چهر های آکادمیک را هدفی برای " انقلاب های مخملی" نامیدند و همزمان با این تحلیل فشارهای مضاعفی را بر این عرصه تحمیل کردند. فشار هایی که با اعتراض بسیاری از نیروهای فعال در عرصه مواجه شده است.

برای او که در استادی "بزرگ" بود

* یکشنبه ۲۶ اوت ۲۰۰۷

در میان همه نام ها که این روزها از آموزگاری در دانشگاه ها ممنوع می شوند یک نام سخت مرا آزرده کرده است. کسی که اندیشه اش در زندگی ام تاثیر فراوانی داشت.

دکتر حسین بشیریه. کسی که واقعا شایسته نام استادی است (البته دیگران بسیاری هم هستند) البته برای من. داستان بشیریه برای من حس غریبی را به همراه دارد. به یاد روزهایی می افتم که هنوز در شهرستان کوچکمان در شمال ایران بودم و هنوز درس های دبیرستان را می خواندم. در درون حس مثبتی به سیاست داشتم نه به "سیاست" که به علم سیاست. از طرفی نیز از سال های بسیار دورتر از آنکه تصور کنم روزی روزنامه نگار شوم روزنامه را هم دوست داشتم که البته این هم داستانی دارد که جایش اینجا نیست.

بر عکس هم سن و سال هایم در جمع های اهل مطالعه بودم و از جمله

موهبت هایی که آن روزها به من رسید آشنایی با یکی از نشریات بسیار دوست داشتنی و البته بی نظیر ترین نشریه ای که تاکنون در ایران منتشر شده است؛ " اطلاعات سیاسی و اقتصادی" بود. نشریه ای که مرا به خیلی جا ها برد و از همه مهمتر در دورانی که شخصیت و ذهن جوانی در حال شکل گیری هست تاثیر بسزایی در افکارم داشت. و آن نشریه بود اولین آشنایی ام با کسی که سال ها در ذهنم بوده و هست. آنروز ها آن ماهنامه را فقط برای خواندن مشتاقانه سلسله مقالات حسین بشیریه می خریدم و از خواندنشان لذت می بردم. و شاید هم او و اندیشه متساعد شده اش بود که بعدها مسیر زندگی ام را به "علوم سیاسی" و روزنامه نگاری در این عرصه کشاند.

اما این همه ماجرا نبود. "علوم سیاسی" مرا برای تحصیلات دانشگاهی به تهران کشاند.انتخاب چندانی سختی برای خودم نبود.من در آن سال هم در دانشگاه سراسری قبول شده بودم و هم آزاد. اما سهم من از دانشگاه سراسری رشته علوم اجتماعی دردوره شبانه دانشگاه گیلان بود و از دانشگاه آزاد ،رشته علوم سیاسی دانشگاه تهران مرکز.

همه از جمله خانواده می گفتند وقتی می توانی در شهرت در دانشگاه سراسری باشی و شهریه ندهی چرا می خواهی به دانشگاه آزاد بروی و هزینه کنی. فشاری که من هرگز زیر بارش نرفتم و انتخاب اول و آخرم تنها رشته علوم سیاسی بود.

اما تهران برایم جدا از همه فرصت های پیشرفتی که داشت فرصت دیدار و آموختن از کسی که مدت ها با اندیشه اش زندگی کرده بودم نیز بود.

هرگز فراموش نمی کنم برای نخستین بار به دانشگاه حقوق رفتن و پشت در اتاق استاد نشستن را (لازم به ذکر است که من به طور غیر

رسمی به آنجا می رفتم و دانشجوی رسمی اش نبودم). می دانم که او مرا بیاد ندارد چون جوانی شهرستانی بی سر و صدایی بودم که در انتهای آن کلاس کوچک هر شنبه ساعت ۵ عصر به سخنانش گوش می داد و در دفترچه اش می نوشت آنچه باید می آموخت را.

اما یک خصلت این استاد برایم ماندگاربود و آن هم منش بی مانندش. یادم هست در همان روزهای ابتدایی مقاله مفصلی نوشته بودم که در باب دموکراسی و حدود تلورانس در جوامع دموکرات بود. خیلی هم آن نوشته را دوست داشتم و البته خودم هم می دانستم که به هیچ عنوان پخته نیست. یادم هست روزی به دفترش در آن گوشه طبقه دوم (یا سوم یادم نمانده کنار دفتر بسیج بود فکر کنم) رفتم و گفتم : استاد من مقاله ای نوشته ام در این مورد و می خواهم شما بخوانید و نظرتان را به من بگویید.

البته فکر می کردم با آن شلوغی که همیشه در اتاقش بود (پر از کتاب و متن های جور واجور) یا نمی پذیرد یا جوری مرا دنبال نخود سیاه می فرستد.
اما او مرا پذیرفت و پس از شنیدن نظراتم گفت هفته آینده بیا تا من متن ات بخوانم و با هم صحبت کنیم.

هر چند این را به من گفته بود اما وقتی از آن اتاق بیرون آمدم باور نداشتم چنین کند. هفته بعد دوباره به پشت در اتاقش آمدم تا پیش از رفتن به سر کلاس از او سراغ مطلبم را بگیرم.

او همه آن متن نا پخته مرا خوانده بود و چند دقیقه ای هم در مورد موضع بحث و نظر برخی از فلاسفه غربی در آن مورد راهنمایی ام کرد. آن روز برایم بسیار خاطره انگیز بود.

بعد ها نیز داوطلبانه در چند کرسی از درس های جامعه شناسی اش حاضر شدم و چندین جلسه ای نیز از دوره جامعه شناسی سیاسی ایران را در کلاسش بودم. بی سر و صدا و آن گوشه در ته کلاس...

یادش بخیر! او شاید خودش هم نداند که جدا از شاگردانی که در دانشگاه ها پرورش داده با نوشته هایش نیز دانش جویان فراوانی را سیراب کرده است.

حال چه فرقی می کند آنانی که می خواهند او و امثال او را خانه نشین کنند تنها به خود جفا می کنند.چون امثال او نیازی به آن کرسی های با منت ندارند...

واکنش ها به انتخاب رئیس جدید خبرگان

"نه" به رادیکالیزم یا "آری" به هاشمی

* پنج شنبه ۶ سپتامبر ۲۰۰۷ -به نقل از روزآنلاین

انتخاب علی اکبر هاشمی رفسنجانی به ریاست مجلس خبرگان رهبری "نه" به جریان های تندروی حامی دولت نهم بود یا پاسخ "بله" به هاشمی و مشی وی؟

برای پاسخ به این سوال، بسیاری از کارشناسان یادآوری می کنند که یک سوی این بازی هاشمی رفسنجانی قرار داشته و در سوی دیگر منتقدان تندرو و اصولگرای با رهبری معنوی مصباح یزدی و احمد جنتی که نمایندگی پر رنگ این تفکر را برعهده دارند؛ و در چنین شرایطی بود که در نشست روز سه شنبه مجلس خبرگان اکبرهاشمی رفسنجانی با کسب ۴۱ رای بر احمد جنتی که ۳۴ رأی آورد غلبه کرد.

اصولگرایان مبهوت

از مدت ها پیش از برگزاری انتخابات ریاست مجلس خبرگان، اصولگرایان تندرو نوک پیکان حملات خود را به سوی رفسنجانی نشانه رفته بودند و از هر وسیله ای برای کنار زدنش بهره بردند. نگاهی دوباره به روزنامه ها و سایت های وابسته به این جریان خود گویای این حملات است.

این رسانه‌ها پیش از این چهره‌هایی مانند احمد خاتمی، احمد جنتی، محمد یزدی و مصباح یزدی را به عنوان گزینه‌های مورد نظر خود برای ریاست بر خبرگان مطرح می کردند. حتی خبرگزاری فارس در همان ایام با انتشار گزارشی در این زمینه، رفسنجانی را در اواخر لیست افراد محتمل برای نشستن بر این کرسی قرار داد.

شاید به همین علت بود که روزنامه "سیاست روز" وابسته به طیف حامی دولت نهم که پیش از این و در اثنای ماجرای انتشار خاطرات رفسنجانی در روزهای متمادی علیه وی مطالبی را منتشر کرده بود، پس از انتخاب وی به سمت جدید بدون انعکاس هیچ خبری از انتخاب هاشمی رفسنجانی به سمت ریاست مجلس خبرگان رهبری در صفحه اول خود، تنها در قسمت پایینی صفحه دوم شماره ان روز خود اخبار مربوط به جلسه برگزار شده راپوشش داد.

روزنامه "ایران" ارگان رسمی دولت نیز در حالی که خبراعطای ۲۵۰ هزار قطعه زمین به کارگران را در تیتر اول خود منعکس کرده‌بود، خبر انتخاب هاشمی رفسنجانی به سمت رئیس جدید مجلس خبرگان رهبری را به شکل کم‌رنگی منتشر کرد.

همچنین، سایت خبری "رجا نیوز" که نقشی اساسی در حملات

اخیر به رفسنجانی داشته، در یادداشتی با متهم کردن رئیس مجلس خبرگان رهبری و نیروهای نزدیک به وی تحت عنوان "حلقه ثروت و قدرت" نوشت: "جایگاه ریاست خبرگان رهبری نه صندلی ریاست مجمع تشخیص است و نه شأن ریاست دستگاه اجرائی کشور را دارد که بتوان از آن بعنوان ابزاری برای پیشبرد اهداف سلیقه‌ای و بعضا حزبی استفاده کرد."
دیگر سایت های نزدیک به این جریان نیز بر همین مسیر بودند.

بازتاب و پشت پرده

در این میان سایت بازتاب که منسوب به دبیرمجمع تشخیص مصلحت است در گزارشی تحلیلی پس از انتخاب رئیس جدید مجلس خبرگان، خبر از تلاش های پشت پرده برای منصرف کردن رفسنجانی از کاندیداتوری داد.

بازتاب نوشت :"در بخش پنهان این تلاش، رایزنیهای گسترده‌ای با آیت‌الله محمد یزدی و آیت‌الله طبسی انجام شد که با توجه به روابط نزدیک این دو چهره با هاشمی رفسنجانی، با کاندیداتوری آنان هاشمی از نامزدی برای ریاست مجلس خبرگان رهبری منصرف شود که در این راه، هاشمی رفسنجانی نیز تمایل نداشتن خود را برای ریاست مجلس خبرگان رهبری در صورت کاندیداتوری این دو چهره، ابراز کرده بود، اما آیت‌الله طبسی و آیت‌الله یزدی، انصراف قطعی خود از نامزدی برای ریاست با وجود حضور هاشمی رفسنجانی در مجلس خبرگان رهبری را به اطلاع وی رساندند."

بازتاب همچنین از فشار بر نمایندگان خبر داد و نوشت: "هرچند توصیه‌های اکید و فشار روانی از برخی محافل به نمایندگان مجلس خبرگان برای کاهش آرای هاشمی رفسنجانی موجب شد تا رأی وی از

۶۵ رأی طبیعی در نایب رئیسی اول مجلس خبرگان رهبری ـ که در شرایط عادی وی را به ریاست مجلس خبرگان رهبری منصوب میکرد ـ به ۴۱ رأی کاهش دهد، اما ارزش این ۴۱ رأی، حتی از حداکثر ۷۰ رأی ممکن نیز به دلیل صف‌آرایی کامل محافل قدرت و مخالفان هاشمی و استفاده از همه ابزارهای ممکن علیه هاشمی رفسنجانی بالاتر بوده است."

چرخش کیهانی

در این زمینه، روزنامه "کیهان" که تنها چند روز پیش از انتخاب رفسنجانی به سمت ریاست خبرگان، در یادداشتی به قلم "حسین شریعتمداری" مدیر مسئول خود با عنوان "با پوزش از آقای هاشمی رفسنجانی" که به بهانه مباحث مندرج در کتاب اخیر خاطرات او نوشته شده‌بود، شدیدترین حمله علیه وی را سازماندهی کرده بود و حتی تلویحا وی را به نسبت دادن دروغ به آیت الله خمینی متهم کرده بود، در یک چرخش ۱۸۰ درجه‌ای و با استفاده از عنوان "آیت‌الله" برای هاشمی، تلاش کرد تا این انتخاب را باعث عصبانت و خشمگینی دشمنان خارجی و اصلاح‌طلبان معرفی کند!

کیهان در یادداشتی که این‌بار هم با قلم "حسین شریعتمداری" نوشته شده بود، ریاست وی بر مجلس خبرگان رهبری را برای احزاب داخلی اصلاح‌طلب، عبرت‌انگیز و ناامیدکننده دانست.

کیهان تیتر اول خود را نیز به گفته رفسنجانی در مورد "مشروعیت نظام به ولایت فقیه است" اختصاص داده بود. مدیر مسئول آن هم به این اکتفا نکرده و در گفت و گویی با خبرگزاری فارس یادآور شده بود: "یاران انقلاب هرگز هاشمی را تنها نمی گذارند".

مدیر مسوول روزنامه کیهان با اشاره به "برخوردهای اهانت آمیز و کینه توزانه، گروهی از اصلاح طلبان نسبت به هاشمی رفسنجانی" گفت: "تلاش آنها برای انتساب ایشان به جبهه اصلاحات و گروه ها و احزاب نظیر آن، تلاشی بیهوده است. همین چند ماه پیش بود که یکی از روزنامه های اصلاح طلب، عمر مفید آقای هاشمی را تمام شده و از ضرورت نیمکت نشینی او نوشتند، اما جبهه انقلاب به دفاع از او برخاست. "

اشاره وی به یادداشتی در روزنامه هم میهن بود به قلم محمد قوچانی که با مقایسه علی دایی و رفسنجانی خواستار کناره گیری وی از بازی در سیاست و نشستن بر نیمکت مربیگری شده بود.

نیمکت نشینی یا بازیگری

اما نویسنده آن یادداشت در روزنامه توقیف شده هم میهن، در پی انتخاب رفسنجانی به ریاست مجلس خبرگان در یادداشت دیگری این بار در روزنامه اعتماد ملی نوشت: "آنان که در چند ماه گذشته به رایزنیهای گسترده برای کاهش شانس ریاست هاشمیرفسنجانی بر خبرگان رهبری پرداختند و سعی کردند با القای تحلیل‌هایی چون «لزوم غلبه فقاهت رئیس مجلس خبرگان بر سیاست‌ورزی او» یا « ضرورت هماهنگی رئیس خبرگان با مصالح عالی نظام» قطعیت ریاست هاشمی را خدشه‌دار کنند و در حاشیه مصاحبه یکی از سخنگویان مجلس خبرگان- که ظاهرا از اصولگرایان است- چنین القا کنند که شانس آیت‌الله یزدی از همه فزون‌تر است و این‌گونه بود که صبح روز سه‌شنبه ۱۳ شهریور ۱۳۸۶ سه آیت‌الله از هیات‌رئیسه مجلس خبرگان اجازه نطق گرفتند.

اولین آنها- که محترم‌ترین ایشان هم بود- گفت با وجود احترامی که برای آقای هاشمیرفسنجانی قائل هستم اما چون فقاهت بر سیاست در این ریاست ارجحیت دارد اعلام میکنم که نظر حوزه علمیه قم ناظر به

ریاست آیت‌الله جنتی است. دومین ناطق قبل از دستور همچنین گفت که جانشین آیت‌الله مشکینی باید همچون آن مرحوم فقیه باشد و نه سیاستمدار و سومین نفر اما از در نقد هاشمی درآمد که چرا اخیرا از برابری دیه زن و مرد دفاع کرده و اگر دفاع نکرده چرا در مطبوعات نقل این خبر را تکذیب نکرده و این است نشانه « نافقیه » بودن هاشمی و ضرورت انتخاب جنتی. در اینجا بود که هاشمی وقت دفاع گرفت و گفت آنچه او گفته بحثی در باب اجرت‌المثل در دیه زنان بود و نه تجدیدنظر در اصول فقهی."

سردبیر سابق روزنامه شرق در ادامه یادداشت خود می نویسد: "سیزدهم شهریورماه ۱۳۸۶ روزی بود که دیگران انتخاب نهایی خود را درباره هاشمی انجام دادند. او دیروز نمیخواست رئیس‌جمهور شود تا اصولگرایان بگویند که به جوانان اعتماد بیشتری دارند که دیروز رقیب هاشمی از او پیرتر بود. او دیروز نمیخواست مرجع تقلید شود که اصولگرایان بگویند که رقیب او از هاشمی فقیه‌تر بود. ۳۴ رای«نه» به هاشمی بیش از ۴۱ رای«آری» به او معنادارتر بود و معنای آن چیزی نبود جز انتخاب نهایی دیگران درباره هاشمی، آنان قصد داشتند این پیام را به هاشمی ابلاغ کنند که اگرچه به ریاست مجلس خبرگان رهبری رسید اما همواره در کنار او نوابی حضور دارند که میتوانند آرای شکننده ریاست را به سود خود جلب کنند."

استقبال اصلاح طلبان

این انتخاب در بین بهت اصولگرایان، استقبال اصلاح طلبان را به همراه داشت. به گونه ای که بیشتر روزنامه های نزدیک به اصلاح طلبان عنوان اصلی خود را به این رویداد اختصاص دادند. حزب جبهه مشارکت نیز این انتخاب را فرصتی برای تبریک و انتشار بیانیه ای به این مناسبت دانست و خاطرنشان کرد: "انتخاب شایسته شما به سمت ریاست این

مجلس در کنار دیگر اعضای محترم هیأت رئیسه، این امید را ایجاد کرده است که مجلس خبرگان رهبری بیش از پیش در جایگاه شایسته خود قرار گرفته و با نظارت عالیه و مؤثر بر ارکان تحت نظر خود و پیگیری مطالبات موکلان در آن سطح و مقام و اصلاح اموری که ذیل اختیارات بالقوه وسیع مجلس خبرگان رهبری میگنجد شأن و اقتدار این مجلس را نمایان‌تر سازد."

به گزارش سایت نوروز در همین زمینه یک عضو شورای مرکزی جبهه مشارکت میز ضمن تحلیل این انتخاب گفت: "اکنون که خبرگان رهبری که خود آنان در انتخاباتی نه صددرصد سالم انتخاب شده اند به رادیکالیزم و بنیادگرایی «نه» گفته اند، نکته نگران کننده آن است که آقای جنتی انتقام شکست فوق را از داوطلبان انتخابات مجلس هشتم بگیرد و به قلع و قمع نامزدهای منتقد حکومت یکدست نظامی گرا و ماجراجو بپردازد."

مصطفی تاج زاده ادامه داد: "به آقای جنتی توصیه می کنم پیروزی آقای هاشمی را رسما به ایشان تبریک بگوید و در رسیدگی به صلاحیت نامزدهای انتخابات مجلس قانون را سرلوحه قرار دهد و از رفتار گذشته خود عذرخواهی کند."

سه حسن این انتخاب از نگاه یک اصولگرا

از سوی دیگر یک نماینده اصولگرای مجلس نیز ضمن استقبال از این انتخاب، آن را چنین تحلیل کرد: "این انتخاب ۳ اثر مثبت را در پی دارد، اول آنکه حضور هاشمی رفسنجانی در دفاع از ارکان نظام را قویتر از گذشته میکند، دوم اینکه مجلس خبرگان را احتمالا فعال‌تر کرده و دستور جدیدی برای آن فراهم شود و سوم اینکه وی از اطرافیانی که مستقیم و غیرمستقیم مروج سکولاریسم هستند، بیشتر فاصله خواهد

گرفت."

احمد توکلی در گفت و گو با خبرگزاری فارس درباره امکان نظارت مجلس خبرگان رهبری بر مجمع تشخیص مصلحت نظام نیز گفت: "یکی از وظایف این مجلس نظارت بر عملکرد رهبر انقلاب از حیث بقای شرایط رهبری است و ممکن است از این باب، بتوانند پیوندی بر اقدامات رهبری که از طریق این مجمع انجام میشوند، بدهند."

با تمام این تقاصیل نکته جالب دیگری را نیز نباید از نظر دور داشت: روزنامه حمهوری اسلامی روز سه شنبه در خبری فاش کرده بود که "رهبر معظم انقلاب «فاطمه رجبی» همسر سخنگوی دولت نهم را از سم پاشی علیه هاشمی رفسنجانی نهی کرده‌اند. "

حال در پایان هفته ای که رفسنجانی را به ریاست بالاترین نهاد قانونی کشوررساند، وی باید امامت نماز جمعه این هفته تهران را نیز برعهده بگیرد و اولین خطبه پس از این انتخاب را بخواند.

هشدار انجمن صنفی روزنامه نگاران

مرحله تازه محدودیت مطبوعات

* سه شنبه ۱۸ سپتامبر ۲۰۰۷- به نقل از روزآنلاین

به دنبال ارائه طرحی جهت الحاق تبصره ای به ماده ۱ اصلاحی قانون مطبوعات مصوب ۱۳۷۹ که حاکی از اعمال محدودیت های جدیدتری علیه رسانه های داخلی بود، سردار افشار، رئیس جدید کمیسیون ماده ۱۰ احزاب از تصمیمات تازه تری در این زمینه خبر داد.

سردار افشار نظامی ارشدی که در سیاسی ترین پست دولت قرار گرفته است دیروز ضمن گفتگو با خبرگزاری ایسنا در تشریح تصمیمات جلسه اخیر کمیسیون ماده ۱۰ گفت: "استفاده مطبوعات و سایر رسانه‌ها از عنوان احزاب و تشکل‌های سیاسی که مجوز فعالیت از کمیسیون ماده‌ی ۱۰ احزاب ندارند مجاز نیست و برای این منظور به زودی فهرست احزاب و تشکل‌های سیاسی که مجوز قانونی دارند برای

رسانه‌ها ارسال میشود. "

سردار افشاری در حالی از این تصمیم جدید خبر داد که پیش از آن اعلام شده بود دولت تصمیم دارد با الحاق یک تبصره به ماده ۱ اصلاحی قانون مطبوعات ـ مصوب ۱۳۷۹- که بنا به پیشنهاد مشترک معاونت حقوقی و امور مجلس رئیس جمهور و وزارتخانه‌های دادگستری و فرهنگ و ارشاد اسلامی در جلسه هیئت وزیران با قید دو فوریت به تصویب رسیده خبرگزاری ها و سایت های اطلاع رسانی را به لحاظ حقوقی مشمول قانون مطبوعات کند.

ورود به حوزه ممنوعه

تصمیم به اصلاح یا تغییر قانون مطبوعات در حالی در برنامه کاری دولت قرار گرفته که در دوران حضور اصلاح طلبان در دولت و مجلس، هرگونه اصلاح در این قانون درحیطه موضوعات ممنوعه قرار داشت و شورای نگهبان با استناد به نامه مشهور آیت الله خامنه ای در بایکوت کردن اصلاحیه نمایندگان اصلاح طلب مجلس ششم هر گونه طرح یا لایحه ای که به صورتی به این قانون ربط پیدا می کرد را خلاف شرع و قانون تشخیص می داد.

حال آنکه لایحه کنونی دولت که با عنوان "برای گسترش حمایت از خبرنگاران و برخورداری خبرگزاری ها و سایت ها از امتیاز هیئت منصفه" با قید دو فوریت از سوی رئیس جمهور تقدیم مجلس شورای اسلامی شده، این روند را به چالش می کشد.

لایحه دولت

به گزارش خبرگزاری فارس در مقدمه این لایحه آمده است: "از آنجا که در زمان تدوین و تصویب قانون مطبوعات، رسانه‌های مجازی و نشریات الکترونیک به وسعت امروز فعالیت نداشته و خبرگزاریها و پایگاه های اطلاع رسانی به این شکل گسترش نیافته بودند، از این رو قانونگذار حمایت‌های قانونی و چگونگی رسیدگی به تخلفات احتمالی اینگونه رسانه‌ها را مورد توجه قرار نداده است و علی رغم آنکه براساس تبصره ۳ ماده ۱ قانون یاد شده، نشریات الکترونیک مشمول این قانون تلقی شده‌اند اما اجمال و ابهام در معنای نشریات الکترونیک و عدم وجود تعریف صحیح از تبصره مذکور، موجب بروز مشکلاتی در نحوه رسیدگی به تخلفات ناشی از تولیدات خبرگزاریها اعم از خبرگزاری رسمی کشور و خبرگزاریهای غیر دولتی دارای مجوز قانونی و پایگاه‌های اطلاع رسانی شده است."

در این لایحه همچنین آمده است: "اینک با عنایت به رشد روزافزون این رسانه‌ها و لزوم تعیین حقوق و حمایت‌های قانونی و نیز امور کیفری و نحوه دادرسی مراکزی خبری یاد شده این لایحه برای مراحل قانونی تقدیم مجلس شده است.بر اساس این لایحه، خبرگزاریهای داخلی و پایگاه‌های اطلاع رسانی اینترنتی داخلی از حیث حقوقی، وظایف، حمایت‌های قانونی و جرائم و مجازات‌ها و مرجع و نحوه دادرسی مشمول احکام مقرر در این قانون و اصلاحات آن میباشند.همچنین مدیر عامل، مسئول پایگاه اطلاع رسانی و نویسندگان و تهیه کنندگان مطالب خبرگزاریها و پایگاه‌های مزبور حسب مورد دارای همان مسئولیت‌هایی هستند که برای مدیر مسئول و نویسنده مطبوعات منظور شده است و هیئت نظارت بر خبرگزاری ها در مورد خبرگزاریها اختیارات و وظایف هیات نظارت بر مطبوعات را اعمال می نماید.آیین‌نامه اجرایی این تبصره که مشتمل بر تعریف نشریات الکترونیکی و خبرگزاریها نیز خواهد بود

ظرف سه ماه بنا به پیشنهاد وزارت فرهنگ و ارشاد اسلامی به تصویب هیات وزیران خواهد رسید."

این لایحه اگر چه هنوز به تصویب مجلس هفتم نرسیده اما از هم اکنون واکنش های متفاوت برخی از نمایندگان را برانگیخته است.

سهیلا جلودارزاده نماینده تهران در مجلس شورای اسلامی فهمیدن را حق مردم دانسته و لایحه دو فوریتی الحاق یک تبصره به ماده‌ی ۱ اصلاحیه قانون مطبوعات را اقدام تکمیل‌کننده محدودیت‌ها در شرایط انتخابات خوانده است. این عضو فراکسیون اقلیت مجلس در گفت‌وگو با ایسنا می گوید: "اینکه خبرگزاریها از حمایت قانون برخودار شوند خوب است؛ اما اگر قرار باشد ابزار بیش‌تری برای محدودیت‌ها ایجاد کنند، مناسب نیست."

جلودارزاده می افزاید: "اگر قرار بود از خبرگزاریها حمایت شود یک خبرگزاری را به طور غیرقانونی فیلتر نمیکردند."
این عضو فراکسیون اقلیت مجلس شورای اسلامی سپس اضافه می کند: "مذاکرات در مجلس مشخص خواهد کرد که آیا این لایحه واقعا برای ایجاد فضای باز اطلاع‌رسانی است یا ایجاد محدودیت برای آن است."

اما از سوی دیگر یک نماینده اصولگرای مجلس، در مورد این لایحه بر این باور است که: "با این طرح همان‌طور که مطبوعات از حمایت‌های دولت برخودار هستند، خبرگزاریها نیز از حمایت‌های دولت برخودار میشوند."

جواد آرین‌منش، نماینده مشهد در مجلس شورای اسلامی در گفت‌وگو با ایسنا، در پاسخ به این پرسش که علت دو فوریتی بودن این لایحه

چه میتواند باشد، می گوید:" در حال حاضر شرایط به گونه‌ای است که ما تعدادی طرح‌ها و لوایح دو فوریتی و یک فوریتی در دستور کار داریم و در شرایط کنونی بعید به نظر میرسد که در زمان باقی مانده از مجلس هفتم، طرح‌های عادی که داده میشود امکان رسیدگی داشته باشند؛ از این رو در صورتی که لایحه با فوریت مورد بررسی قرار نگیرد، در عمل امکان رسیدگی تا پایان این مجلس وجود نخواهد داشت. "

این عضو فراکسیون اصولگرایان مجلس شورای اسلامی ادامه می دهد: "بعید است که مجلس به دو فوریت این لایحه رای دهد؛ چرا که در حال حاضر مشغول بررسی لایحه‌ی اصل ۴۴ قانون اساسی هستیم. "

آرین‌منش درباره محتوای این لایحه هم چنین می اندیشد:" لازم است که خبرگزاریها از یک قانون تبعیت کنند تا حقوق، وظایف و تکالیفشان مشخص شود.

به نظر وی: "کلیات این طرح مناسب است اما روی جزئیات باید دقت و بررسی بیش‌تری صورت گیرد."

اعتراض انجمن صنفی روزنامه نگاران

اما در کنار همه این تحرکات در ماه های اخیر اعمال محدودیت های دیگر علیه مطبوعات و خبرنگاران، اعتراض انجمن صنفی روزنامه نگاران را نیز در پی داشته است.

در روزهای اخیر، اعلام شد که خبرنگار یک روزنامه اصلاح طلب از جلسه خبری سخنگوی قوه قضاییه اخراج شده است. پیش از هم

سخنگوی دولت بارها خبرنگاران رسانه‌های منتقد را از حضور در جلسه محروم کرده و یا به نشست مطبوعاتی خود دعوت نکرده بود. خبرنگاران خبرگزاری ایلنا که چندی پیش به خاطر شکایت وزارت علوم دولت احمدی نژاد توقیف شد، نیز در آخرین ماه‌های فعالیت این خبرگزاری از حضور در بسیاری از جلسات خبری دولت نهم محروم شده بود. دادستان تهران نیز در گفت‌وگو با مدیران برخی رسانه‌های توقیف شده، خواستار تغییر دبیران و اعضای تحریریه این رسانه‌ها در ازای رفع توقیف شده بود. این موضوعات تاکنون بارها مورد انتقادات فعالان مطبوعاتی در ایران بوده و اکنون با اعتراض انجمن صنفی روزنامه‌نگاران نیز مواجه شده است.

این تشکل صنفی دیروز نیز با صدور بیانیه ای به مورد محدودیت های جدید علیه رسانه ها اعتراض کرد. در این بیانیه آمده است: "روح و محتوای قانون اساسی جمهوری اسلامی ایران به ویژه اصول ۹، ۲۴ و ۱۶۸ آن بر آزادی بیان، آزادی مطبوعات و شیوه مردم‌سالارانه اداره حکومت و نیز رعایت و تضمین آزادی بیان و حفاظت از حقوق حرفه‌ای روزنامه‌نگاران در مقابل نهادها و مقامات حکومتی تاکید و صراحت دارد؛ به همین دلیل است که در ماده ۴ قانون سخت‌گیرانه مطبوعات آمده است: «هیچ مقام دولتی و غیردولتی حق ندارد برای چاپ مطلب یا مقاله‌ای در صدد اعمال فشار بر مطبوعات برآید و یا به سانسور و کنترل نشریات مبادرت کند و در ماده ۵ نیز تاکید شده است» کسب و انتشار اخبار داخلی و خارجی که به منظور افزایش آگاهی عمومی و حفظ مصالح جامعه باشد، با رعایت این قانون حق قانونی مطبوعات است؛ اما بر پایه گزارش‌های رسیده به انجمن و شکایات برخی اعضا متاسفانه رعایت این دو ماده قانونی در ماههای اخیر به شدت از سوی برخی نهادها و مقامات کنار نهاد شده است."

این بیانیه با طرح این نظر که تذکرات شفاهی و کتبی، مدیران مسوول

مطبوعات را از چاپ و پیگیری برخی اخبار منع کرده و خواستار تغییر برخی روزنامه‌نگاران در حوزه کاریشان و از این طریق در صدد اعمال فشار بر مطبوعات شده، می افزاید: "از سوی دیگر برخی با گزینشی برخورد کردن نسبت به مطبوعات و روزنامه‌نگاران از ورود برخی خبرنگاران به حوزه‌های خبری جلوگیری و از این طریق راه کسب و انتشار اخبار داخلی را برای افزایش آگاهی عمومی و حفظ مصالح جامعه میبندند و به طور آشکار به رعایت‌نکردن این حق قانونی مطبوعات و زیر پا نهادن قانون مبادرت میکنند. متاسفانه مدیران مسئول مطبوعات نیز برای ادامه حیات مطبوعه‌شان و رعایت برخی ملاحظات و مصلحت‌ها در برابر چنین اقداماتی کمترین واکنش را نشان میدهند و بعضا با این خواسته‌ها همراهی میکنند که طبعا حاصل این روند و جریان، موجبات کاهش امنیت شغلی روزنامه‌نگاران و ایفای وظیفه حرفه‌ایشان را فراهم و به آن دامن میزند و مطبوعات را به بولتن‌های خبری مورد رضایت مقامات و نهادهای حکومتی تبدیل میکند."

"انجمن صنفی روزنامه‌نگاران ایران" در ادامه این بیانیه آنچه را "اعمال فشار بر مطبوعات و روزنامه‌نگاران با هر روش و شیوه‌أی" خوانده، خلاف موازین حقوقی جاری در جمهوری اسلامی ایران دانسته و بازگشت به قانون توسط همه مقامات و نهادهای حکومتی در ارتباط با مطبوعات را را خواستار شده است: "صد البته در زمانه‌ای که اصل گردش آزاد اخبار و اطلاعات به عنوان یک اصل جهانی پذیرفته شده و در برخی کشورها با تصویب قانون در اختیار گذاشتن هر گونه اطلاعات توسط مقامات و نهادهای حکومتی به شهروندان را اجباری ساخته‌اند، اعمال برخی فشارها جای تعجب و تاسف فراوان دارد."

در عین حال انجمن ضمن همدلی با مدیران مسوول مطبوعات غیر دولتی و مستقل و درک شرایط آنان، از آنان خواسته است "در جهت حفظ هویت و حرمت روزنامه‌نگاران و تامین امنیت و استقلال حرفه‌ای

آنان به خواسته‌های غیرقانونی و اعمال فشارها واکنش نشان دهند و نگذارند مطبوعات مستقل نیز به بولتن‌های خبری ادارات دولتی تقلیل یابند."

در پایان این بیانیه می خوانیم: "در شرایط کنونی همبستگی و همراهی کلیه فعالان مطبوعات اعم از مدیران مسوول و روزنامه‌نگاران میتواند جلو برخی اعمال فشارها و خواسته‌ها را بگیرد تا مطبوعات آزاد و مستقل بتوانند با ایفای وظیفه حرفه‌ایشان جریان آگاهیبخشی و اطلاع‌رسانی را در جامعه تداوم بخشند."

نگاهی به یک سفر از نیویورک

* یکشنبه ۳۰ سپتامبر ۲۰۰۷ – به نقل از روزآنلاین

سفر محمود احمدی نژاد به نیویورک به پایان رسید و می توان آن را یکی از پر سر و صدا ترین موضوعات هفته گذشته در آمریکا و دنیا دانست. با توجه به پایان این سفر در این فرصت و با توجه به اینکه در این روزها در جریان خبری و رسانه ای و جو شهر نیویورک بودم تلاش می کنم از نگاه خودم به ارزیابی این سفر بپردازم.

در طول یکسالی که در نیویورک زندگی می کنم کمتر پیش آمده بود که این چنین، موضوعی همه ابعاد زندگی شهر را تحت تاثیر خود قرار دهد (این تاثیر علی رغم آنچه سعی دارند نشان دهند بیشتر بار منفی داشت تا مثبت). این تجربه برای خودم هم کم نظیر بود. اتفاقات این روزها و قضاوت ها و حکایت هایی که در پی داشت نیز برایم بسیار جالب توجه بود. هم واکنش ها و اتفاقات این شهر و هم واکنش های داخل ایران و هم تفاسیر و تحلیل های گاها خارق العاده ای که از ماجرا ها شد.

سفر محمود احمدی نژاد به نیویورک پیش از آغاز، جنجالی را به راه انداخته بود. درخواست وی برای بازدید از منطقه "گراند زیرو" در نظر اول یک درخواست عادی و موجه بود اما تبدیل به آتش تهیه اتفاقات پس از آن شد. بازدید از این منطقه از سوی مقامات عالی رتبه و رهبران کشورهای دیگر چند باری پیش از این نیز روی داده بود بخصوص چندی پیش تر که حامد کرزای رئیس جمهور افغانستان از این منطقه بازدید و ادای احترام کرد.

"گراند زیرو" برای آمریکایی ها واقعا منطقه ای مقدس شده است که وقتی یک بیگانه نیز به آنجا می رود فضای حزن انگیزی را می بیند که حتی اگر بخواهد لبخند هم بزند بطور طبیعی نمی تواند. آنجا براستی نقطه ای تعیین کننده در تاریخ است و درخواست هر کسی از جمله احمدی نژاد برای بازدید از آنجا قابل درک است اما چرا با این درخواست مخالفت شد؟ محمود احمدی نژاد در افکار عمومی امریکایی ها نماد چهره ای تندرو و "حامی تروریسم" است. چهره ای که منکر واقعه هالوکاست است و خواهان نابودی "اسرائیل" و محو آن از روی نقشه جهان. این چهره ظرف چند روز در افکار این ملت شکل نگرفته است و حاصل نزدیک به دوسال "تکرار" مواضع از سوی وی است. در ذهن امریکایی، صدها سخنرانی و مصاحبه از وی در طول این سال ها ثبت شده است که نمی توان امید داشت بزودی و با یک مصاحبه و سخنرانی برطرف شود. روزی که در تلویزیون های امریکا و بخصوص شهر نیویورک این درخواست احمدی نژاد مطرح شد انگار کسی زخمی را نمک پاشیده باشد شهرآشوبی راه افتاد. من هم که یک ایرانی هستم که در این شهر زندگی می کنم ناخواسته بیشتر مورد سوال و توجه قرار گرفتم.

احمدی نژاد یک درخواست معمولی داشت اما یا نمی دانست که چه چهره ای در اینجا دارد یا می دانست و خواستار این پیامدها بود.

وی با آن درخواست بخش وسیعی از شهر و مردم امریکا را عصبانی کرده بود. بازتاب این عصبانیت در روزهای حضور وی در نیویورک در رسانه ها و روزنامه های پرتیراژ این شهر کاملا قابل لمس بود.

این واکنش تند یکی از بی سابقه ترین واکنش هایی بود که حتی نیویورکی های پرسابقه نیز به خود دیده بودند. احمدی نژاد در روزهایی که در نیویورک بود بسیار فعال بود و به تعداد بسیار زیادی مصاحبه و سخنرانی داشت و علی رغم آنچه تصور می شود در ترمیم چهره خود ناتوان بود.

دو واقعه سخنرانی احمدی نژاد در دانشگاه کلمبیا و مجمع عمومی سازمان ملل و حاصل چند مصاحبه تلویزیونی که انجام داد را می توان اینگونه جمع بندی کرد:

یک- واکنش های هیجان انگیز روزنامه های اصولگرا مانند "کیهان" برای کسانی که از نزدیک در این شهر شاهد ماجراها بودند تنها نشانه های دیگری از "استفاده به مطلوب" بود آن هم با قلب واقعیت. روزنامه "کیهان" در یکی از شماره های اخیرش با انتشار عکسی از جمعیت عظیمی در محوطه دانشگاه کلمبیا آنان را حامیان محمود احمدی نژاد معرفی کرد. در حالی که آن جمعیت تنها بخشی از یکی از تجمع هایی بود که این روزها علیه وی در نیویورک برگزار شد. از سوی دیگر متاسفانه صدا و سیما نیز در پخش مراسم سخنرانی وی در دانشگاه کلمبیا صریحا شعور مخاطب را نادیده گرفته است و با مونتاژ وحشتناک بعضی بخش ها که سوت کف های دانشجویان برای سخنرانی رئیس دانشگاه کلمبیا بود به گونه به بیننده خود القا کرد که این واکنش ها به سخنان محمود احمدی نژاد است و بیچاره مردم...

دو- سخنان ابتدایی رئیس دانشگاه کلمبیا در معرفی محمود احمدی نژاد نیز واکنش های متفاوتی را در داخل و خارج ایران در پی داشت. هر چند سخنان وی در همان لحظات با استقبال و تشویق های حاضران همراه بود که حتی خود وی مجبور شد تا درخواست کند که" کسی دست نزند" اما ادبیات بکار برده شده توسط وی انتقاداتی را در پی داشت. حتی ساعاتی پس از این سخنان که در راه بازگشت از استودیوی یکی از شبکه های تلویزیونی در نیویورک بودم این موضوع در تاکسی هم مورد بحث قرار گرفت و پس از آن نیز در بین برخی از اساتید و دانشجویان دانشگاهی که در آن مشغول هستم مخالفت هایی با این ادبیات بکار برده شده توسط رئیس دانشگاه کلمبیا صورت گرفت. اعتراضات به آن سخنان از سوی برخی امریکایی بیشتر بخاطر این بود که اعتقاد داشتند چند لقب استفده شده در متن (دیکتاتور و بی سواد خواندن احمدی نژاد) نباید از زبان یک دانشگاهی بیرون می آمد و گرنه همه با محورهای سخنان وی بشدت موافق بودند.

در بین واکنش هایی که از سوی ایران در این باره صورت گرفت هیچ کدام تاثیری در پی نداشت اما نامه ای که با امضای چند رئیس دانشگاه های ایران خطاب به رئیس دانشگاه کلمبیا نوشته شده بود نسبتا تاثیر گذار بود چون تا چند روز بعد هم پرسش هایی که در آن نامه مطرح شده بود مورد بحث چند محفل دانشگاهی که در آنها حضور داشتم، بود. پرسش هایی که جدا از ماجرای احمدی نژاد و مواضع اش پرسش هایی تاریخی بود که برخی را در اینجا به فکر فرو برده بود.

سه- مواضع احمدی نژاد در نیویورک بخصوص آن بخش که به مسایل داخل ایران مرتبط بود به شدت از او تصویر انسانی "دروغگو" را ساخت. مواضع او در مورد مسایلی چون زنان، همجنسگرایان، اعدام ها، اخراج اساتید و محدودیت برای دانشگاهیان و... بگونه ای بود که انگار با مردمی خالی از ذهن نسبت به مسایل ایران سخن می گوید. شاید اگر این

مواضع وی در نیکاراگوئه و ونزوئلا و بولیوی و... بیان می شد آنها باور می کردند و آن تمسخر ها در محیط دانشگاه را حاصل نمی شد.

احمدی نژاد در نیویورک بجز منکر "هالوکاست" بودن به منکر بسیاری از واقعیت های واضح جامعه ایرانی نیز تبدیل شد.

چهار- هر چند اگر عقلانیت بیشتری در حکومت بود این فرصت می توانست دافع خطر علیه ایران (از جمله حمله نظامی) باشد اما تبدیل به تشدید تهدیدات شد. بگونه ای که در هیاهویی که احمدی نژاد به آن دامن زد چند طرح در دستور کار مجلس نمایندگان و سنای امریکا علیه جمهوری اسلامی بدون کمتر مشکلی به تصویب رسید که برخی از صاحب نظران خطر این مصوبات را به نوعی مجوز پنهان دست زدن به اقدامات تندتر از سوی دولت کنونی (امریکا) می دانند. جالب است که این مصوبات در مجالسی به تصویب رسیده که اکثریت آن را دموکرات ها در دست دارند. (قابل توجه مقامات عالی رتبه نظام که پیروزی دموکرات ها در انتخابات گذشته را پیروزی نظام جمهوری اسلامی دانستند و رسما در تریبون ها این تحلیل خود را بیان کردند!)

بزرگ ترین دستاورد سفر احمدی نژاد را باید به حساب کسانی گذاشت که می خواستند چهره یک نظام "یاغی" را به دنیا نشان دهند برای توجیه اقدامات تند آینده خود. برعکس برخی از تحلیل گران ایرانی که در این روزها از پیروزی احمدی نژاد و مظلومیت وی نوشتند این تحلیل در دنیایی که رسانه ها سخن اول و آخر را می زنند تنها به درد تحلیل های شخصی می خورد و قادر به جهت دهی نیست. من در این موضع شکی ندارم که اسرائیل، احمدی نژاد را موهبت و سرمایه ای " الهی" برای خود می داند.

پنج- اما از یک نگاه دیگر، این سفر دستاوردهای بزرگی برای کشورمان (ایران) داشت. چهره پر سر و صدای احمدی نژاد در این روزها نام ایران را بیش از پیش بر سر زبان های مردم امریکا و دنیا انداخت و تلویزیون های مهم دنیا بارها و بارها در مورد ایران و به بهانه احمدی نژاد گزارش و خبر پخش کردند.

پس از مدت ها، مواضع سوال برانگیز احمدی نژاد در مورد مسایلی چون زنان و دانشجویان و آزادی و اعدام ها در ایران باعث شد که افکار عمومی دنیا از "انرژی هسته ای" و "هالوکاست" به مقوله نقض حقوق بشر و مصادیق آن در ایران بیش از پیش توجه کند. پس از سفر احمدی نژاد به نیویورک حالا بسیاری از مردم دنیا می دانند که آمار اعدام ها در ماه های اخیر در ایران چه تعداد بوده، تاکنون چند روزنامه توقیف شده اند، چند فعال مدنی و سیاسی به زندان رفته اند و چند نفر در صف های دادگاه ها هستند، زنان چه می خواهند و کارگران چه را طلب می کنند و ده ها سوژه و موضوع دیگری که پیش از این کمتر به آن توجه نشان داده بودند.
آری! این ها هم واقعیت هایی است که برخی نمی خواهند ببینند.

تصاویر

جمهوریت

درخواست وکلای اولیای دم زهرا کاظمی:

هویت قاتل واقعی را مشخص کنید

۷۰ درصد معلمان زیرخط فقر زندگی می کنند

چین توازن اقتصاد جهانی را تغییر می دهد

عرفات سازمان های اطلاعاتی موازی را حذف کرد

اعتصاب دارندگان تلفن همراه در لبنان

پرینت آخرین شماره روزنامه جمهوریت که هرگز اجازه انتشار پیدا نکرد.

دوران کوتاه حضورم در روزنامه توسعه در سال ۱۳۸۳/ عکس از: عادل پاژیار

آخرین گزارشم برای روزنامه جمهوریت که همان روز توقیف شد. تیتر یک روزنامه گزارشم در مورد پرونده زهرا کاظمی است. تابستان ۱۳۸۳

در دفتر سایت «روزنا» در ساختمان روزنامه
«اعتماد ملی» در سال ۱۳۸۵
عکس از: حجت سپهوند

روزهای پاریس در تابستان ۲۰۰۶

در مقابل ساختمان شبکه CNN پس از اتمام
مصاحبه با شبکه رادیویی CNN در نیویورک

عکس از: وب سایت cnn.com

بازدید از نمایشگاه کارتونیست ها در تهران به همراه
جمعی از دوستان / سال ۱۳۸۴ / عکس از: هادی حیدری

تهیه خبر و گزارش و تصویر برای رادیو فردا از تحصن سه روزه
ایرانیان در مقابل سازمان ملل در نیویورک / سال ۲۰۰۹
عکس از: پروانه وحیدمنش

سخنرانی در دانشگاه ویرجینیا در سال ۲۰۰۷
در مورد وضعیت مطبوعات در ایران

تکاپوی اصلاح طلبی

مجموعه یادداشت ها و مقالات

روزبه میرابراهیمی

تابستان ۲۰۱۲-۱۳۹۱

تکاپوی اصلاح طلبی

روزبه میرابراهیمی

ناشر: موسسه غیرانتفاعی
Non-Stop Media, Inc.
نیویورک - آمریکا

چاپ اول	تابستان ۱۳۹۱
صفحه آرایی و طرح جلد	روزبه میرابراهیمی
چاپ	امریکا
شابک	۹۷۸-۰-۹۸۵۳۷۴۸-۰-۸

قیمت: ۳۰ دلار امریکا

By Roozbeh MirEbrahimi

First Edition – Summer 2012
ISBN: 978-0-9853748-0-8

Published by: Non-Stop Media, Inc.
New York, USA
Website: www.non-stopmedia.org
Email: info@non-stopmedia.org